이해하지 못하는 것은 소유할 수도 없다.
괴테

Whatever you cannot understand, you cannot own.
Goethe

사전 없이 영어 원서를 읽는 가장 확실한 방법
원서 잡아먹는 영단어 1

초판   1쇄 발행 2010년 11월 17일
초판 15쇄 발행 2023년 2월 27일

지은이 신상현
펴낸이 김선식

경영총괄 김은영
콘텐츠사업2본부장 박현미
책임마케터 문서희
콘텐츠사업5팀장 차혜린 **콘텐츠사업5팀** 마가림, 김현아, 이영진, 최현지
편집관리팀 조세현, 백설희 **저작권팀** 한승빈, 김재원, 이슬
마케팅본부장 권장규 **마케팅4팀** 박태준, 문서희
미디어홍보본부장 정명찬 **디자인파트** 김은지, 이소영 **유튜브파트** 송현석, 박장미
브랜드관리팀 안지혜, 오수미 **크리에이티브팀** 임유나, 박지수, 김화정 **뉴미디어팀** 김민정, 홍수경, 서가을
재무관리팀 하미선, 윤이경, 김재경, 안혜선, 이보람
인사총무팀 강미숙, 김혜진, 지석배
제작관리팀 최완규, 이지우, 김소영, 김진경, 양지환
물류관리팀 김형기, 김선진, 한유현, 전태환, 전태연, 양문현, 최창우

펴낸곳 다산북스 **출판등록** 2005년 12월 23일 제313-2005-00277호
주소 경기도 파주시 회동길 490 다산북스 파주사옥
전화 02-704-1724 **팩스** 02-703-2219 **이메일** dasanbooks@dasanbooks.com
홈페이지 www.dasan.group **블로그** blog.naver.com/dasan_books

ISBN 978-89-6370-426-5 (14740)
       978-89-6370-425-8 (전3권)

원서
잡아 먹는
영단어

사전 없이 영어 원서를 읽는 가장 확실한 방법

1

신상현
지음

BEYOND
A·L·L

목차

001	audio	10
002	bind	12
연습하기		14
003	car	16
004	hand	18
연습하기		20
005	mission	22
006	prepare	24
연습하기		26
007	sorry	28
008	journal	30
연습하기		32
009	flower	34
010	turn	36
연습하기		38
011	host	40
012	genius	42
연습하기		44
013	save	46
014	original	48
연습하기		50
015	energy	52
016	happy	54
연습하기		56
017	act	58
018	fact	60
연습하기		62
019	excel	64
020	decide	66
쉬어가기		68
연습하기		70
021	terminal	72
022	opera	74
연습하기		76
023	jealous	78
024	lucifer	80
연습하기		82
025	mystery	84
026	pose	86
연습하기		88
027	possible	90
028	form	92
연습하기		94
029	force	96
030	mercy	98
연습하기		100
031	duct	102
032	protect	104
연습하기		106
033	current	108
034	navigation	110
연습하기		112
035	store	114
036	salt	116
연습하기		118
037	state	120
038	stand	122
연습하기		124
039	animal	126
040	coffee	128
쉬어가기		130
연습하기		132
041	propeller	134
042	way	136
연습하기		138
043	name	140
044	super	142
연습하기		144
045	collect	146
046	rival	148
연습하기		150
047	festival	152
048	voice	154
연습하기		156
049	care	158
050	music	160
연습하기		162
051	camp	164

052	slow	166
연습하기		168
053	price	170
054	slipper	172
연습하기		174
055	one	176
056	base	178
연습하기		180
057	ride	182
058	plan	184
연습하기		186
059	fate	188
060	wit	190
쉬어가기		192
연습하기		194
061	will	196
062	police	198
연습하기		200
063	new	202
064	adventure	204
연습하기		206
065	wife	208
066	dictionary	210
연습하기		212
067	memo	214
068	people	216
연습하기		218
069	enter	220
070	culture	222
연습하기		224
071	city	226
072	nature	228
연습하기		230
073	live	232
074	arm	234
연습하기		236
075	school	238
076	bag	240
연습하기		242
077	service	244
078	bat	246
연습하기		248
079	sign	250
080	cap 1	252
쉬어가기		254
연습하기		256
081	cap 2	258
082	receive	260
연습하기		262
083	get	264
084	pass	266
연습하기		268
085	value	270
086	use	272
연습하기		274
087	require	276
088	costume	278
연습하기		280
089	spring	282
090	park	284
연습하기		286
091	part	288
092	case	290
연습하기		292
093	roll	294
094	garden	296
연습하기		298
095	green	300
096	common	302
연습하기		304
097	temptation	306
098	vacation	308
연습하기		310
099	lie	312
100	finish	314
쉬어가기		316
연습하기		318

한국인이 영어공부에서 가장 힘들고 어렵게 느끼는 것은 원서를 읽으려 노력할 때마다 수없이 새롭게 나타나는 영단어를 발견할 때, 이미 알고 있다고 생각한 단어들의 뜻이 기억나지 않을 때일 것입니다. 이렇게 책을 쓰는 저 또한 과거에는 오랜 시간 동안 공들여가며 여러 가지 방법으로 단어암기에 노력을 다했지만 그때마다 번번이 실패를 경험할 수밖에 없었습니다.

과거 외국에서 많은 시간을 보내면서, 어떻게 하면 영단어를 잘 외울까가 아니라 "왜 나 같은 한국 사람들은 영단어를 잘 못 외우는 것일까?"라는 것을 깊이 고민했고 원인을 분석했습니다.

영단어의 철자를 하나하나 암기한 후 그 단어를 다시 한국말로 이해하기 때문에 열심히 외우려고 노력해도 머릿속에 남지 않고 금세 잊어버리게 되고, 또 그렇게 단어를 따로 따로 외웠기 때문에 단어끼리 연관성이 전혀 없어서 알파벳이 하나만 바뀌어도 뜻을 전혀 알 수가 없는 것이었습니다. 그리고 무조건 암기했기 때문에 그 단어가 문장에서 어떠한 역할을 하는지 이해가 되지 않아 이미 알고 있던 단어조차 뜻이 잘 기억나지 않는 것입니다.

저는 유학생활 동안 그러한 어려움을 한 번에 이겨낼 수 있게 영어사전을 뒤적여 단어의 어원을 일일이 찾고 여러 백과사전을 참고하여 영단어를 정리하면서 문서를 하나하나 만들었습니다. 그러자 그 전과는 비교도 할 수 없을 만큼 많은 단어들을 어렵지 않게 습득할 수가 있었습니다. 또한, 원서에 등장하는 단어의 뜻을 굳이 모르더라도 그 단어가 어떠한 역할을 하는지 어떠한 의미를 지니고 있는지 어렵지 않게 짐작할 수 있게 되었습니다.

제가 그동안 정리해온 자료들을 국내에서 영어를 공부하는 독자들이 영단어에 대한 두려움을 없애고, 저처럼 단어암기에 어려움을 느꼈던 분들이 빠른 시간에 많은 단어들을 재미있게 기억할 수 있도록 책으로 출간하게 되었습니다.

현재 국내에서는 영단어를 암기하는 여러 가지 다양한 방법이 개발되었고 최신 장비가 속속들이 등장하고 있습니다. 최신 장비를 이용해서 영단어를 암기하면 기존에 단순히 적어가며 암기했던 것 보다 빠른 효과를 얻을 수는 있겠지만 많은 제약이 생길 수밖에 없습니다.

왜냐하면, 영단어는 한 뿌리에서 파생된 단어들이 많아서 굳이 따로 외우지 않아도 원래의 핵심을 이루고 있는 단어를 통해 어렵지 않게 많은 단어를 이해하고 암기할 수 있기 때문입니다. 예를 들면, wit, witness, wise, wisdom 같은 단어들은 현재는 뜻이 달라보여서 일일이 따로 외워야 하는 것처럼 보일 것입니다. 그러나 원래 wit는 지식을 뜻하는 단어였기에 나중에 자신이 지니고 있는 지식을 순간순간 표현하는 '재치'로 쓰이게 된 것이고 witness 는 자신이 체험했거나 경험한 지식을 사람들에게 표현하는 데서 '목격자'란 뜻이 된 것입니다. 지식을 뜻하는 wit를 형용사로 사용하여 '현명한'이란 뜻을 지닌 wise가 생기게 되었고 다시 wise를 명사로 만든 단어가 '지혜'를 의미하는 wisdom입니다.

게다가 한국인들에게는 핵심 단어에 붙는 접두사나 접미사의 의미와 개념이 잡혀있지 않아서 단어의 역할을 제대로 이해하지 못합니다. 예를 들면, finite는 형용사로 어떠한 것에 한계와 끝을 표현한 '유한한, 제한된'이란 뜻을 지닌 단어입니다. 이 단어에 '부정'을 나타내는 접두사 in과 명사로 만드는 접미사 ity를 붙이면 명사인 infinity가 되고 한계나 끝이 없는 '무한'이라는 뜻의 단어가 됩니다.

그러다보니 단순히 영단어를 외우기만 해서는 영어 원서를 통해서 접하게 되는 새로운 단어에 대해 전혀 알 수 없고, 스스로 단어의 뜻을 유추할 능력을 기를 수가 없습니다. 제가 학습한 방법으로 영단어를 공부하다보면 finite 앞에 in을 붙인 infinite라는 단어가 존재할 수 있다는 것을 유추할 수가 있을 것이고 그 단어가 '무한한'이라는 뜻을 지닌 것도 짐작할 수 있을 것입니다.

요즘은 어원을 통해서 가르치는 여러 가지 책들도 많이 나와 있습니다. 그러나 영단어의 어원과 파생어를 단순히 짝지어 소개만 한다면 그것은 독자들에게 또 다른 어려움을 전할 수밖에 없습니다. 왜냐하면 단어들의 어원은 과거에 사용되었던 뜻이기에 현재로 넘어와서는 그 의미와 형태가 많이 변하게 되었고 같은 철자를 지닌 접두사나 접미사에도 다양한 뜻과 역할의 변화가 끊임없이 발생하기 때문입니다.

그래서 저는 이 책에서 사전에 나와 있는 모든 뜻을 정리할 수는 없지만 현재 가장 많이 사용되는 뜻을 위주로 왜 이러한 뜻과 단어들이 생기게 되었는지 이야기 형식을 통해 구성하였고, 실수하기 쉬운 비슷한 단어들을 정리하여 단어라는 것은 알면 알수록 재미가 더해지는 것을 느낄 수 있게 했습니다. 마인드맵을 통해서 단어를 머릿속으로 정리를 하면, 어디서든지 머릿속에서 단어의 그림을 떠올리며 연습할 수 있어 수많은 어휘가 자신의 것이 되는 기쁨과 영단어에 대한 용기가 생길 것입니다.

영단어는 영어를 배움에 있어 농부가 지니고 있는 토양과도 같습니다. 좋은 토양이 많으면 많을수록 농부의 수고와 노력을 더함에 따라 더 많은 농작물을 추수할 수 있듯이 영단어도 마찬가지로 단어를 많이 알고 그 후에 문법을 통해 적용하면 영어로 된 표현이나 문장들을 풍부하게 습득하고 이해할 수 있습니다. 저는 이 책을 통하여 영어를 공부하는 분들이 좋은 토양을 풍족히 가꾸어서 좋은 열매를 가득 맺게 되는 결과를 갖길 소망합니다.

신상현

001 **audio** 오디오, 음성부분

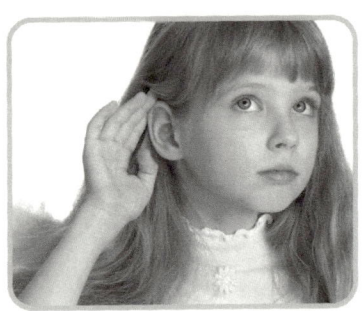

audience 청중
aw-dee-uhns

↑

audible 들을 수 있는 ← **audi** → **audio** 오디오
aw-duh-buhl   aw-dee-oh

↓   ↓

audibility 청력   **audit** 심사, 회계감사 → **audition** 오디션 심사
aw-duh-bil-i-tee   aw-dit   aw-**dish**-uhn

↓

auditor 회계감사원, 청취자
aw-di-ter

↓

auditory 청각의
aw-di-tawr-ee

↓

auditorium 청중석
aw-di-tawr-ee-uhm

audi는 귀를 통해 소리를 들을 수 있는 '듣다'라는 뜻을 지닌 라틴어였는데 '신호'를 의미하는 알파벳 o를 붙여서 audio가 됐어. audio는 음악을 재생하기 위해 신호를 보내는 가전제품인 오디오와 컴퓨터나 TV에 음성을 키고 끄는 것을 조절하는 음성부분을 뜻해. 영상을 보기 위해 재생하는 video도 마찬가지야. '보다'를 뜻하는 vide에 '신호'를 뜻하는 o를 붙여서 '볼 수 있게 신호를 보내는 장치'를 의미한 거지.

audi에 '~할 수 있는'을 뜻하는 able을 붙인 audible은 듣는 것이 가능한 들을 수 있는이란 뜻이고 audible에 추상명사로 만드는 접미사 ity를 붙인 audibility는 사람이 소리를 들을 수 있는 능력인 청력을 뜻해.

audi와 명사로 만드는 접미사 ence가 만난 audience는 공연장에서 강연이나 음악을 듣는 사람인 청중을 말해.

어떠한 문제나 사건이 발생했을 때 사람들은 그것을 해결하기 위해 경찰에 연락하고, 사건을 맡은 경찰은 사람들의 진술부터 들으면서 조사하기 시작하는데, audit은 이렇게 사람들의 말을 듣고 올바로 판단하거나 문제를 해결하고자 조사하는 심사를 의미했지. 여기서 파생된 단어가 audition으로 사람들 앞에서 연기나 노래를 불러 사람들이 듣고 평가할 수 있는 것을 말하는 오디션 심사, 심사나 평가를 받는 오디션을 받다라는 의미야.

또 audit은 회사의 재산이나 영업 상태가 회계감사원에 의해 정확하게 기록되어 있는지를 감사하고 조사하는 회계감사를 뜻하기도 해. auditor는 회사를 감사하는 회계감사원, 사람의 말을 듣는 청취자를 의미하고 auditory는 귀를 통해 듣는 것을 표현하는 청각의, auditorium은 강연이나 공연을 듣기 위해 사람들이 모이는 장소인 청중석을 말해.

002 **bind** 묶다; 줄

MP3

disband 해체하다
dis-**band**

bondman 노예
bond-muhn

↑

↑

bend 구부리다 ← **bind** 묶다; 줄 → **band** 반창고 → **bond** 접착제, 계약
bend bahynd band bond

↓

↓

↓

↓

bender 펜치
ben-der

binder 바인더
bahyn-der

bandage 붕대
ban-dij

bondage 노예의 신분
bon-dij

↓

bindery 제책소
bahyn-duh-ree

무언가를 묶을 때 쓰는 bind는 묶다와 묶을 때 쓰는 도구인 줄을 의미해. 옛날에는 글로 쓴 종이들을 줄로 하나씩 묶어서 책을 만들었기 때문에 binder가 '제책공(製冊工)'을 뜻했지만 지금은 서류나 자료 등을 하나로 묶는 서류철을 의미하는 바인더로 사용해. binder에 장소를 뜻하는 y를 붙인 bindery는 책 만드는 사람(binder)이 일하는 장소인 제책소야.

bind의 i를 a로 바꾼 band도 bind와 비슷하게 '묶는다'는 의미야. band는 머리를 묶는 머리띠, 상처가 났을 때 상처 부위를 묶는 반창고 등을 뜻하는데 사람들을 묶을 때도 사용하지. 음악을 하는 사람들끼리 묶여서 생기는 악단이나 군인들이 묶여 있는 군대도 band야. 미국 드라마 제목인 Band of Brothers에서 band도 군대를 의미해. 그래서 '전우'라고 해석하는 거야.

band에서 파생된 bandage는 반창고와 비슷한 기능을 가진 아픈 부위를 보호하고 고정하는 붕대를 뜻하고 band 앞에 '반대'를 나타내는 dis를 붙인 disband는 묶여 있는 그룹을 풀어놓는 해산하다, 해체하다라는 의미야.

눈에 보이지 않는 것도 묶을 수 있는데 사람과 사람 사이의 믿음으로 묶여 있는 신뢰나 보이지 않는 계급으로 사람을 묶은 신분 등이 해당하지. band에서 유래된 bond는 눈으로 볼 수 있는 둘 이상의 것을 하나로 묶은 접착제라는 뜻과 사람과의 관계를 묶은 속박과 법적으로 묶은 계약이라는 뜻이 있어. 그래서 bondage는 보이지 않는 계급에 묶여 있는 상태인 노예의 신분이고 bondman은 묶여 있는 사람을 의미하는 노예야.

bend는 사람을 묶어서 굴복시키고, 무릎을 구부리거나 꿇게 하는 구부리다, 꿇다야. bender는 미국 속어로 늘 술에 취해 몸을 구부리는 술 취한 사람, 우리는 주로 펜치라고 부르는 철사를 끊거나 구부릴 때 쓰는 공작 도구를 뜻해.

빈칸에 적절한 뜻과 철자를 넣으세요.

audience
↑
audible   ← **audi** → **audio**
↓   ↓
audibility   **audit**   → **audition**
↓
auditor
↓
auditory
↓
auditorium

audi□□□□ 청중
↑
audi□□□ 들을 수 있는 ← **audi** → □□□□□ 오디오
↓   ↓
audibil□□□ 청력   **audi**□ 심사, 회계감사 → **audi**□□□□ 오디션 심사
↓
audi□□□ 회계감사원, 청취자
↓
audi□□□□ 청각의
↓
auditor□□□ 청중석

```
                          disband          bondman
                             ↑                ↑
bend        ←  bind    →   band      →     bond
 ↓             ↓            ↓               ↓
bender       binder      bandage         bondage
               ↓
            bindery
```

```
                      □□□band 해체하다    bond□□□ 노예
                           ↑                ↑
b□nd 구부리다  ←  □□□□ 묶다; 줄  → b□nd 반창고  ←  □□□□ 접착제, 계약
 ↓               ↓              ↓               ↓
bend□□ 펜치    bind□□ 바인더   band□□□ 붕대   bond□□□ 노예의 신분
                 ↓
            binder□ 제책소
```

003 **car** 자동차

charioteer 마부자리
char-ee-uh-**teer**

↑

cargo 화물   **career** 커리어   **chariot** 전차
kahr-goh   kuh-**reer**   char-ee-uht

↖   ↑   ↑

cart 카트 ← **car** 자동차 **변형** **char**
kahrt   kahr →

↙   ↓

carriage 유모차 ← **carry** 옮기다   **charge** 충전하다; 책임
kar-ij   kar-ee   chahrj

↓   ↓

carrier 운반기   **charger** 충전기
kar-ee-er   chahr-jer

car는 서기 1,100~1,500년경에 사용되던 중세영어부터 사용된 단어로 원래는 자동차가 아니라 수레나 마차처럼 무언가를 싣고 운반하는 기구를 뜻했어. 마트에서 물건을 싣고 옮기는 카트를 뜻하는 cart도 car에서 파생됐고, 싣고 운반되는 화물을 뜻하는 cargo도 마찬가지야. cargo에서 go는 '가다'를 뜻하는 게 아니라 17세기에 쓰였던 스페인어 cargo가 영어로 사용되면서 붙은 거야. 서양 언어 대부분이 알파벳으로 이루어져 있고 처음에 전파된 단어들은 나라마다 형태나 의미가 비슷해. 그러다가 조금씩 변형시킨 파생어가 생겨나기 시작하고 그러한 파생어가 다시 영어로 들어오게 되는데 cargo가 좋은 예이지.

car가 물건이나 사람을 태우고 옮기는 것이라면 career는 인생에서 사람(운반기구)이 달려온 과정(싣고 옮긴)을 뜻하는 커리어, 경력이고 career woman은 가정을 꾸리는 것보다 일을 더 중시하는 '전문직 여성'을 의미해.

car에서 나온 carry는 무언가를 옮길 때 사용되는 옮기다이고, carrier는 운반하는 것을 뜻하는데 사전적 의미로는 운반인, 운반기야. 국내 가전제품 상표인 Carrier도 '시원한 바람을 옮긴다'는 의미로 붙인 이름이고 전략 시뮬레이션 게임 StarCraft에 등장하는 carrier도 요격기(interceptor)를 운반하는 모함을 뜻해. carry와 age가 만난 carriage는 사람을 태우고 운반하는 '마차'를 의미했지만 시대가 바뀌면서 아기들을 태우는 유모차를 의미하기 시작했어.

프랑스어로 넘어가면서 car의 철자가 char로 변했어. 고대 전투 영화에서 볼 수 있는 전차를 뜻하는 chariot도 그렇게 생겨난 뒤 다시 영어로 들어온 거지. 뒤에 eer을 붙인 charioteer는 마차나 전차처럼 생긴 별자리를 뜻하는 마부 자리야.

car가 어떠한 것을 싣고 옮기는 것이라면 charge는 싣다를 뜻하는데 ge는 앞에서 배운 cargo의 go처럼 프랑스에서 쓰일 때 붙었고 과거에는 cargo도 동사로 싣다를 의미했어. charge는 동사로는 휴대전화나 기계 등의 배터리를 한 칸 한 칸 싣듯이 채우는 충전하다이고 명사로는 어떠한 일이 자신에게 채워져 맡겨지게 되는 책임을 뜻해. charger는 충전기야.

004 **hand** 손; 잡다

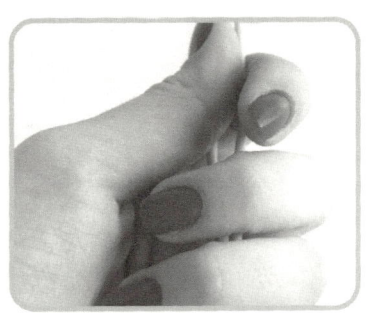

handy 유용한
han-dee

handler 조련사
hand-ler

↑   ↑

hint 암시 ← **hunt** 사냥 ← **hand** 손; 잡다 → **handle** 손잡이; 다루다
hint   huhnt   hand   han-dl

↓   ↓   ↓

hinter 암시하는 사람   **hunter** 사냥꾼   **handsome** 잘생긴
hin-ter   huhn-ter   han-suhm

hand는 사람이 물건을 잡을 때 사용하는 손과 무언가를 손으로 잡는 잡다를 의미해. '~한 도구'를 뜻하는 접미사 le를 붙인 handle은 명사로는 사람의 손으로 잡는 손잡이를 뜻하고 동사로는 사람이나 동물 등을 다룰 때 쓰는 다루다라는 뜻이 있어.

자동차를 운전하는 손잡이를 핸들이라고 말하는데 정확하게는 steering wheel 이야. 무언가를 다루는 '조정하다'라는 뜻의 steer와 '차바퀴'를 의미하는 wheel 이 합쳐진 단어야.

handler는 손으로 동물을 다루고 길들이는 조련사를 뜻하고, handy는 손의 활용을 표현한 유용한, 편리한이라는 뜻이야.

handsome은 hand와 '적합한'을 뜻하는 접미사 some이 합쳐진 것으로 원래는 모든 일을 뛰어나게 하는 '멋진'이라는 뜻이었어. 우리말에서 모든 일에 능통한 사람을 팔방미인이라고 하듯이 서양에서도 handsome은 모든 일에 뛰어난 사람을 의미하다가 현재는 외모도 출중한 잘생긴이라는 뜻으로 쓰이게 된 거지.

hand에서 변형되어서 파생된 hunt는 들판에 나가 동물을 잡는 사냥, 사냥하다이고 er을 붙인 hunter는 동물을 사냥하는 사냥꾼을 의미해.

hand나 hunt가 물체를 잡는 것이라면 hint는 이미 잡고 있는 어떠한 것을 남에게 살며시 알려주는 암시라는 뜻으로 사용되는 단어이고 뒤에 er을 붙인 hinter는 힌트를 알려주는 암시하는 사람을 의미해.

연습하기

빈칸에 적절한 뜻과 철자를 넣으세요.

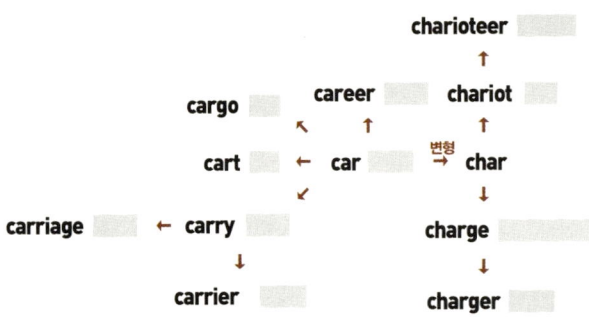

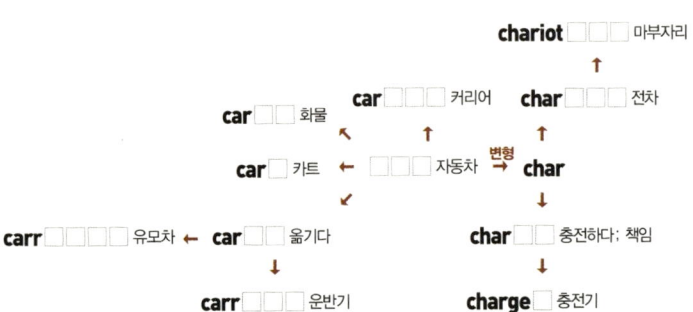

```
                    handy ▦          handler ▦
                          ↑                  ↑
        hint ▦    ← hunt ▦    ← hand ▦       → handle ▦
          ↓            ↓            ↓
    hinter ▦       hunter ▦     handsome ▦
```

```
                              hand☐ 유용한        handle☐ 조련사
                                   ↑                   ↑
    hi☐t 암시  ←    ☐☐☐☐ 사냥  ← ☐☐☐☐ 손; 잡다 → hand☐☐ 손잡이; 다루다
       ↓                ↓              ↓
  hint☐☐ 암시하는 사람  hunt☐☐ 사냥꾼  hand☐☐☐☐ 잘생긴
```

005 **mission** 전도 활동, 임무

committee 위원회
kuh-**mit**-ee

↑

commitment 약속 ← **commit** 위임하다   **mission** 전도 활동, 임무
kuh-**mit**-muhnt   kuh-**mit**   **mish**-uhn

↑   ↑

submit 항복하다, 제출하다 ← **mit** 변형   **miss** 변형→ **mess**
suhb-**mit**

↓   ↓   ↓   ↓

submission 항복, 제출   **admit** 입장을 허락하다   **missile** 미사일   **message** 전갈
suhb-**mish**-uhn   ad-**mit**   **mis**-uhl   **mes**-ij

↓   ↓

submissive 순종하는   **admission** 입장, 허락
suhb-**mis**-iv   ad-**mish**-uhn

지금은 쓰이지 않는 라틴어 miss는 '보내다'를 의미했어. 여기에서 나온 mission은 기독교에서 하느님이 그의 아들 예수를 세상에 보낸 것을 뜻하는 영단어였어. 시간이 흐르면서 신자들이 사람들에게 종교를 전파하는 전도 활동을 의미하게 되었지. 또한, 외국으로 파견되어 보내지는 일인 임무와 그러한 임무를 맡은 사람을 뜻하는 사절단이란 뜻도 있어.

우리가 잘 아는 미사일도 여기에서 나온 단어로 missile은 목표를 향해 보내지는 무기를 뜻하는 거지. missileman은 미사일을 만들고 계획하는 '미사일 학자'야.

miss가 앵글로 노르만어로 사용되면서 철자가 변화해서 mess가 되었고 접미사 age를 붙인 message는 만나서 정보를 나누기 위해 글이나 말로 사람을 통해 보내는 전갈이나 책·연설을 통해 얻게 되는 교훈을 뜻해.

miss의 과거분사형인 mitt은 mit으로 모습이 변했는데 지금은 쓰이지 않지만 접두사를 붙여서 다양한 파생어를 만들었어.

mit 앞에 '안으로 향하다'는 뜻의 ad를 붙인 admit은 안으로 보내는 것을 뜻하는 입장을 허락하다, 입학을 허가하다이고 명사형 admission은 입장, 입장료, 허락을 의미해.

mit 앞에 '함께, 모두'를 뜻하는 com을 붙인 commit은 신용, 신뢰, 책임 등 모든 것을 보내 일을 맡기는 위임하다, 맡기다인데 주어진 일을 잘못된 방향으로 처리하는 저지르다, 범하다라는 뜻으로도 자주 사용되는 단어야. commitment는 주어진 일에 대한 약속이나 헌신을 뜻하고 committee는 일할 수 있게 선택된 사람들을 모아놓은 위원회라는 뜻이 있어.

'아래'를 뜻하는 sub를 붙인 submit는 높은 권력이나 권위를 지닌 사람이 자신의 힘을 이용하여 상대방을 아래로 보내놓고 굴복시켜 항복하다는 뜻과 학생들이 선생님의 말씀에 복종하여 자신의 과제를 내는 제출하다는 뜻이야. 명사 submission은 항복, 제출이고, 형용사 submissive는 순종하는을 뜻해.

006 **prepare** 준비하다, 대비하다

preparation 준비
prep-uh-**rey**-shuhn

↑

prepare 준비하다 → **preparator** 준비자
pri-**pair**   pri-**par**-uh-ter

↑

pare 껍질을 깎다 → **parent** 부(모) → **grandparent** 조부(모)
pair   **pair**-uhnt   **gran**-pair-uhnt

↓   ↓   ↘

separate 분리하다   **parentage** 혈통   **parental** 부모의
sep-uh-reyt   **pair**-uhn-tij   puh-**ren**-tl

↓   ↙

separation 분리   **separator** 분리기
sep-uh-**rey**-shuhn   sep-uh-rey-ter

고대 프랑스어였다가 영어로 넘어온 pare는 장식하기 위해 어떠한 것을 만들거나 소유하게 되는 것을 의미했어. 지금까지도 모양을 장식하기 위해 만드는 잘라내다, 껍질을 깎다라는 의미가 남아 있고, 물건뿐만이 아니라 사람이나 동물까지도 소유하고 얻는다는 뜻으로 '생산하다'라는 뜻도 있었어. 현재는 쓰이지 않는 '생산하다'는 뜻에서 파생된 단어가 자식을 소유하는 부(모)를 뜻하는 parent야. parent에 age를 붙인 parentage는 부모로부터 내려오는 혈통을 의미하고 뒤에 al을 붙인 형용사 parental은 부모의야. 부모님의 아버지나 어머니를 뜻하는 조부(모)는 grand를 붙인 grandparent라고 하고, 또 그 위의 부모님은 great를 붙여 great grandparent라고 해.

과거 서양에서는 한국처럼 족보가 존재했어. 그래서 서양의 귀족이나 왕은 무슨 가문에 몇 대손이라는 의미를 지니고 살았고 로마숫자를 이름 뒤에 붙여서 나타냈어. 만약 윌리엄 3세면 William III가 되는 거지.

왕이나 귀족이 존재하지 않은 미국에서는 grand 앞에 great을 반복적으로 붙이는 것으로 그만큼 오래된 조상을 표현했고, 만약 위대한 업적을 이룬 사람들이나 종교적인 이유로 자신의 이름을 아들에게 물려줄 때에는 자신의 이름 뒤에 senior를 붙이고 자식 뒤에는 junior를 붙였어.

prepare는 '미리'를 뜻하는 pre와 '만들다'를 뜻하는 pare가 합쳐져서 미래에 무언가를 만들거나 얻기 위해 앞서서 행하는 준비하다, 대비하다를 뜻하고 명사인 preparation은 준비야. 준비하는 사람을 뜻하는 preparator는 준비자로 해석해. '떨어져'를 뜻하는 se와 접미사 ate를 붙인 separate는 동사로는 만들어 놓은 것을 따로 떨어뜨려 놓는 분리하다, 분류하다, 형용사로는 분리된, 별개의야. separation은 무언가를 나눈 분리이고 separator는 분리하는 기기인 분리기를 말해.

연습하기

빈칸에 적절한 뜻과 철자를 넣으세요.

preparation
    ↑
prepare   → preparator
    ↑
pare   → parent   → grandparent
    ↓   ↓   ↘
separate   parentage   parental
  ↓   ↘
separation   separator

---

prepar☐☐☐☐☐ 준비
    ↑
☐☐☐pare 준비하다 → prepar☐☐☐☐ 준비자
    ↑
pare 껍질을 깎다 → pare☐☐ 부(모) → ☐☐☐☐☐parent 조부(모)
    ↓   ↓   ↘
☐☐parate 분리하다 parent☐☐☐ 혈통   parent☐☐ 부모의
  ↓   ↘
☐☐☐☐ separat☐☐ 분리기
separat☐☐☐ 분리

007 **sorry** 가엾은, 유감인

sorrily 가엾게
sawr-uh-lee

↑

eyesore 흉물스러운 것
ahy-sawr

sorry 가엾은, 유감인
sor-ee

↖ ↗

footsore 발이 아픈
foot-sawr

← **sore** 아픈 →
sawr

sorrow 슬픔; 슬퍼하다
sawr-oh

↙ ↓ ↓

bedsore 욕창
bed-sawr

soreness 아픔
sawr-nis

sorrowful 슬픈
sawr-uh-fuhl

고대영어 sar는 사람이 육체적으로나 심적으로 고통을 느끼는 '상처'를 의미했는데 sore로 변형되면서 몸에 상처나 염증이 나타나 고통을 표현하는 아픈이나 쓰라린을 의미하게 되었어. 추상명사로 만드는 접미사 ness와 만난 soreness는 아픔이나 쓰라림을 뜻해.

sore와 신체 부위를 나타내는 말이 만나면 그 부분의 통증을 의미하는 경우가 많아. 예를 들어, eye와 만난 eyesore는 처음엔 눈이 아프거나 고통스러운 것을 의미했지만 현재는 눈으로 봤을 때 고통스럽고 보기 싫은 것을 의미하는 흉물스러운 것을 뜻해. foot과 만난 footsore는 오래 걸어서 발에 통증을 느끼는 것을 표현한 발이 아픈이야. 비록 신체적인 부위는 아니지만 '침대'라는 뜻으로 잘 알려진 bed와 만난 bedsore는 몸을 움직일 수 없는 환자가 침대에 늘 누워 있기 때문에 피부에 생기는 병인 욕창이야.

sorry는 sore에서 파생되었는데 다른 사람의 고통이나 상처를 마음속으로 느끼는 가엾은, 유감인을 뜻해. 'I am sorry'는 자신과 친분이 있는 사람이 안 좋은 상황에 부닥쳤을 때 느끼는 안타까움, 그리고 상대방에게 실수나 잘못을 하여 본인이 느끼는 미안한 마음이 표현된 말이야. sorrily는 부사로 가엾게라고 기억하면 돼.

sorrow도 sore에서 나왔는데 자신이 느끼는 어떠한 아픔이나 고통을 육체적으로 느끼는 게 아니라 마음속에 지니는 것을 말하는 거야. 명사로는 슬픔, 동사로는 슬퍼하다를 의미하고, sorrow에 '가득한'을 뜻하는 ful을 붙여 형용사로 만든 sorrowful은 슬픈을 뜻하지.

008 MP3

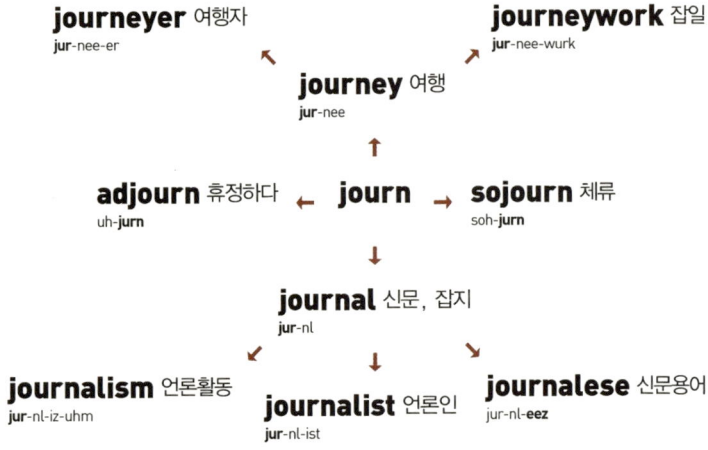

journeyer 여행자
jur-nee-er

journeywork 잡일
jur-nee-wurk

journey 여행
jur-nee

adjourn 휴정하다
uh-**jurn**

journ

sojourn 체류
soh-**jurn**

journal 신문, 잡지
jur-nl

journalism 언론활동
jur-nl-iz-uhm

journalist 언론인
jur-nl-ist

journalese 신문용어
jur-nl-**eez**

프랑스어로 'Bon jour'는 '안녕하세요'를 뜻하는 인사말이야. '하루'를 뜻하는 고대 프랑스어 jour는 영어로 오면서 철자가 journ으로 바뀌었어. 접미사 al을 붙인 journal은 영단어로 사용되기 시작하면서 하루 동안 일어났던 많은 사건을 체계적으로 기록해 출판하는 신문을 의미하게 되었고, 요즘은 이러한 자료를 한데 모아서 정리한 잡지를 의미해. 서점에 가면 'OO 저널'을 쉽게 볼 수 있는데 '잡지'를 의미하는 journal을 붙인 제목인 것이지. journal과 '언어'를 뜻하는 접미사 ese를 붙인 journalese는 하루 동안 일어난 일을 기록하는 신문의 전문분야에 쓰이는 말을 뜻하는 신문용어야.

마찬가지로 China와 ese가 만나면 모음이 충돌하면서 a가 빠지고 '중국어'를 뜻하는 Chinese가 되고, Japan과 ese가 만나면 '일본어'를 뜻하는 Japanese가 되지.

 접미사 ist를 붙인 journalist는 하루 동안 일을 하는 사람을 의미하는 게 아니라 신문이나 TV 등 모든 언론에 종사하는 사람들을 뜻하는 언론인이고, 접미사 ism을 붙인 journalism은 언론을 통해 대중에게 시사적인 정보와 의견을 제공하는 언론직업이나 언론활동을 말해.

journey는 원래 하루 동안의 이동거리를 일일이 점검하며 기록하는 여행을 의미했지만 지금은 시간에 상관없이 일이나 관람을 목적으로 거주지를 떠나 타지에 가는 여행을 의미하고 journeyer는 여행하는 여행자야. journey와 '일'을 뜻하는 work가 합쳐진 journeywork는 하루 동안 돈을 받고 일하는 잡일이나 허드렛일을 의미해.

journ에 '방향'을 뜻하는 ad를 붙인 adjourn은 하루 안에 정해진 재판이나 회의를 다른 날로 미루게 되는 휴정하다, 연기하다라는 뜻이야.

sojourn은 자신의 집이 아닌 다른 곳에서 하루 정도의 짧은 시간을 보낸다는 뜻이었지만 지금은 객지에 머무르게 되는 체류를 뜻하는 단어야.

빈칸에 적절한 뜻과 철자를 넣으세요.

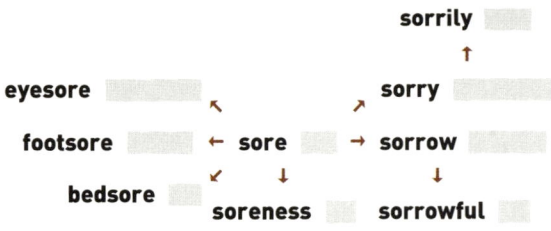

sorrily

↑

eyesore   ↖   ↗   sorry

footsore   ←   sore   →   sorrow

bedsore   ↙   ↓   ↓

         soreness   sorrowful

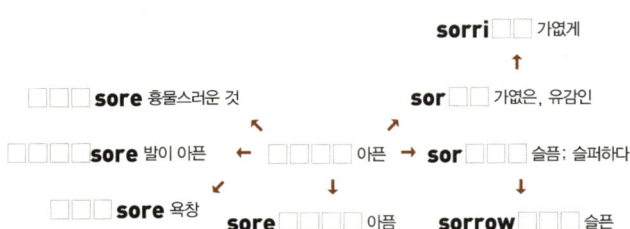

sorri ☐☐ 가엾게

↑

☐☐☐ sore 흉물스러운 것   sor ☐☐ 가엾은, 유감인

☐☐☐☐ sore 발이 아픈   ←   ☐☐☐☐ 아픈   →   sor ☐☐☐ 슬픔; 슬퍼하다

☐☐☐ sore 욕창   sore ☐☐☐☐ 아픔   sorrow ☐☐☐ 슬픈

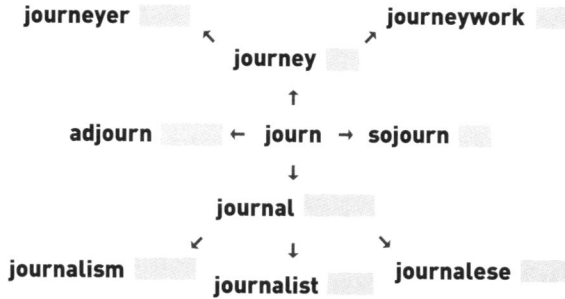

journeyer   ↖   ↗   journeywork

journey

↑

adjourn   ←   journ   →   sojourn

↓

journal

↙   ↓   ↘

journalism   journalist   journalese

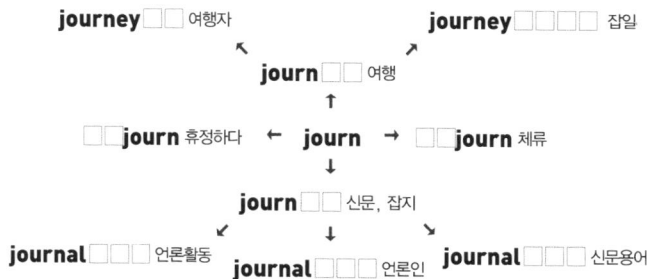

journey□□ 여행자   journey□□□□ 잡일

↖   ↗

journ□□ 여행

↑

□□journ 휴정하다   ←   journ   →   □□journ 체류

↓

journ□□ 신문, 잡지

↙   ↓   ↘

journal□□□ 언론활동   journal□□□ 언론인   journal□□□ 신문용어

009 **flower** 꽃

MP3

blood 피 → **bleed** 출혈하다   **flood** 홍수
bluhd   bleed   fluhd

flower 꽃
flou-er

↑   변형   **flow** 흐르다, 샘솟다
blow ←   floh

↓   **overflow** 넘치다   **inflow** 유입   **outflow** 유출
blower oh-ver-floh   in-floh   out-floh

↓
bloom 꽃 → **blossom** 꽃; 꽃이 피다
bloom   blos-uhm

한영사전으로 '꽃'을 검색하면 flower, bloom, blossom의 세 단어가 나오는데 그 이유는 영국의 북부 지방에서 flower를 blower로 다르게 사용했기 때문이야.

우선 flower는 flow에서 파생되었어. flow는 액체가 높은 데서 낮은 데로 내려가는 흐르다는 의미와 흐르기 위해 위로 넘쳐나는 넘치다, 샘솟다라는 의미를 가지고 있어. 꽃은 일반적인 풀과는 달리 봉오리가 피어오르는 식물인데 flower는 막혀 있는 물이 솟구쳐 오르듯 꽃의 봉오리도 막혀 있다가 피어난다는 데서 꽃이라는 뜻을 지니게 된 거지.

flow에서 나온 flood는 많은 비 때문에 하천의 물이 넘쳐 발생하는 홍수와 물에 잠기다, 범람하다를 뜻해.

flow에 '넘어서'를 뜻하는 over를 붙인 overflow는 flow와 똑같은 의미로 넘치다, 넘쳐나다라는 뜻이야. '안에'를 뜻하는 in을 붙인 inflow는 안으로 넘치는 유입을 뜻해. '밖의'를 뜻하는 out과 만난 outflow는 밖으로 넘치는 유출이야.

과거 영국 북부지방에서는 flow를 blow로 사용했고 blower가 꽃을 의미했어. 그러다가 blower가 bloom으로 모습이 변화했고, 나중에는 꽃이 피다는 동사의 뜻을 지닌 blossom을 파생했어. 그 후 blossom은 명사로도 쓰이게 되어서 나무에서 나는 꽃을 의미하게 되었어. 이러한 여러 과정을 통해서 꽃을 의미하는 영단어가 많아지게 된 거야.

참고로 앞에서 홍수를 뜻하는 flood가 flow에서 파생되었다고 했는데, blow는 사람에게 상처가 생길 때 솟아오르는 피라는 뜻을 지닌 blood와 출혈하다를 뜻하는 bleed를 파생시켰어.

010 turn 회전; 회전하다

tournament 토너먼트
toor-nuh-muhnt

return 되돌아가다
ri-**turn**

↑   ↑

tour 유람 ← **tourn** → **turn** 회전; 회전하다 → **turner** 선반공
toor   turn   **tur**-ner

↓   ↓   ↓

tourist 유람객   **tornado** 토네이도   **turntable** 회전판
toor-ist   tawr-**ney**-doh   **turn**-tey-buhl

아프리카어였던 tourn은 무언가가 돌아가는 '회전'을 뜻했는데 현대영어에서는 더 이상 쓰이지 않게 되었어. 하지만 tourn이 변화하면서 다양한 단어를 파생시켰어.

tourn에서 가운데 o를 빼면 turn이 되는데 원어와 똑같은 의미로 무언가를 돌리는 회전, 회전하다를 의미해.

turn에 er을 붙인 turner는 선반 위에서 금속이나 나무 등을 돌리며 만드는 사람을 뜻하는 선반공을 의미해. turn에 table을 붙인 turntable은 음악이 나올 수 있게 돌아가는 회전판이나 선반에 쓰이는 회전대를 의미해. turn 앞에 '다시'라는 뜻을 지닌 re를 붙인 return은 예전에 있던 장소나 사람에게 다시 돌아가는 되돌아가다라는 의미야.

바다나 거대한 평지에서 발생하는 매우 강하게 돌아가는 회오리바람을 토네이도라고 하는데 처음 쓰일 때는 원어인 tourn과 ado가 만난 tournado의 형태였어. 그러나 현재는 가운데 u가 빠지고 tornado로 쓰이고 있지. 전 세계 여행지를 구경하기 위해 돌아보는 유람을 뜻하는 tour도 원어 tourn에서 n이 빠진 형태이고 tourist는 관람하기 위해 돌아다니는 사람인 유람객이야.

스포츠에서 tournament를 쉽게 볼 수 있는데 서양 중세시대에 최후의 승자를 뽑기 위해 한 사람씩 돌아가면서 격투를 치르는 경기를 의미했어. 현재는 프로 스포츠에서 최종 우승팀을 가리기 위해 횟수를 거듭할 때마다 패자를 탈락시키며 최후에 남는 팀에게 우승이 주어지는 시합인 토너먼트를 의미해.

참고로 turn과 철자가 비슷한 tune은 '음, 억양'을 뜻하는 tone에서 나온 단어로 '곡'을 뜻하고 여기에서 나온 tuner는 음정을 조절하는 '조율사'를 뜻해.

연습하기

빈칸에 적절한 뜻과 철자를 넣으세요.

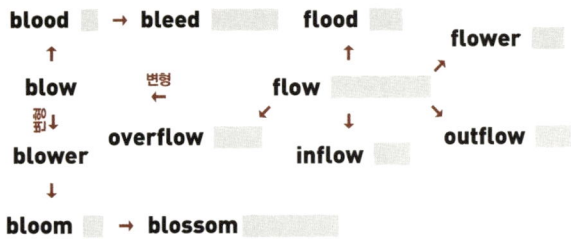

blood ___ → bleed _____   flood ___
                                        flower ___
↑   ↑   ↗
blow   변형 ←   flow _____
↓변형   overflow _____ ↙   ↓   ↘ outflow _____
blower   inflow _____
↓
bloom ___ → blossom _____

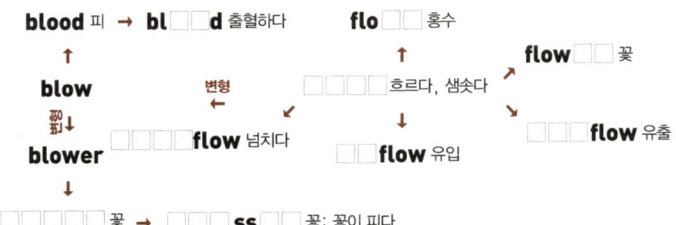

blood 피 → bl__ _d 출혈하다   flo__ __ 홍수
                                         flow__ __ 꽃
↑   ↑   ↗
blow   변형 ←   ____ 흐르다, 샘솟다
↓변형   ____ flow 넘치다 ↙   ↓   ____ flow 유출
blower   __ flow 유입
↓
_____ 꽃 → ___ ss __ 꽃; 꽃이 피다

tournament   return
↑   ↑
tour ← **tourn** → **turn**   → turner
↓   ↓   ↓
tourist   tornado   turntable

---

tourn☐☐☐☐☐ 토너먼트   ☐☐**turn** 되돌아가다
↑   ↑
☐☐☐☐ 유람 ← **tourn** → ☐☐☐☐ 회전; 회전하다 → **turn**☐☐ 선반공
↓   ↓   ↓
tour☐☐☐ 유람객 **torn**☐☐☐ 토네이도 **turn**☐☐☐☐☐ 회전판

011 **host** 이방인, 주인

hostage 인질 ← **host** 이방인, 주인 → **hostess** 여주인
hos-tij   hohst   hoh-stis

hostile 적대하는   **hostel** 숙소 → **hotel** 호텔 → **hospital** 병원
hos-tl   hos-tl   hoh-tel   hos-pi-tl

hostility 적대   **hospitality** 환대
ho-stil-i-tee   hos-pi-tal-i-tee

host는 라틴어로 '갑자기 나타나는 사람이나 사물'을 뜻했고 현대영어로 넘어오면서 갑작스럽게 찾아와 머무르는 이방인이나 갑자기 나타나 공격을 하는 적을 뜻하게 되었지. 그래서 한국영화 괴물은 미국에 개봉하면서 '갑자기 출몰한 어떠한 물체'를 뜻하는 The Host라는 영어 제목을 붙였어.

host는 비록 갑자기 찾아왔지만 돈을 내고 다른 사람의 집에 머무르거나 집을 사게 되는 주인이라는 뜻도 있어. 뒤에 '여성'을 뜻하는 ess를 붙인 hostess는 여주인을 의미해.

host에서 파생된 hostel은 이방인들이 잠시 머무르는 장소를 뜻하는 숙소이고 youth hostel은 젊은 사람들이 여행하면서 저렴한 가격에 머무르는 숙박 시설을 뜻했어. 원래 유스호스텔은 청소년들이 자연을 벗 삼아 건전한 야외활동을 할 수 있게 운영하는 비영리적인 숙박시설을 의미했지만 현재는 앞에서 설명한 것처럼 저렴한 숙박시설을 뜻해. hotel은 일반적인 숙소보다 더 고급스럽고 종합적인 서비스를 제공하면서 일정한 대가를 받는 서비스 장소인 호텔이고, hotel과 '환자 대피소'를 뜻하는 spital이 합쳐진 hospital은 환자들이 머무르고 병을 치료하는 병원을 의미해. hospital에 명사로 만드는 접미사 ity를 붙이면 hospitality가 되는데 쉬기 위해 머무르는 사람이나 아픔이 있는 환자들에게 편의를 제공하는 환대라는 뜻이야.

host에서 파생된 hostage는 원래 그냥 머무는 게 아니라 빚 때문에 대신 끌려와 노예처럼 머무르는 인질을 뜻했지만 지금은 돈을 요구하기 위해 붙잡는 인질을 의미해. hostile은 갑자기 쳐들어온 적군을 표현하는 적대하는이고 hostile에서 파생된 hostility는 적대적인 상태를 의미하는 명사로 적의, 적대를 뜻하지.

012 **genius** 천재

gentleman 신사
jen-tl-muhn

↑

gentle 상냥한 ← **gen** → **genus** 종류 → **genius** 천재
jen-tl   jee-nuhs   jeen-yuhs

↙ 생기다↓

gene 유전자   **gener** → **general** 전체의, 장군
jeen   jen-er-uhl

↓   ↘

genesis 기원, 발생   **generous** 관대한
jen-uh-sis   jen-er-uhs

↓

generosity 관대
jen-uh-**ros**-i-tee

라틴어 gen은 태어나는 것을 의미하는 '탄생'이라는 뜻이야. gen에서 파생된 genus는 사람도 태어나면 남녀로 구분하듯 태어나는 모든 동물, 생물을 구분하는 의미인 종류를 뜻하게 되었지. genus의 가운데에 i를 더하면 천재를 뜻하는 genius가 되는데 그냥 태어나는 것이 아니라 남보다 뭔가 특별하면서 뛰어난 능력을 지니고 구분되어 태어난 것을 의미해.

참고로 어렸을 때 다들 읽었던 동화인 *알라딘*에 등장하는 요정인 Genie도 특별한 능력을 지니고 램프에서 태어났기 때문에 이름을 그렇게 붙였고 '마법사의 심부름꾼'을 뜻하는 단어야.

마찬가지로 gentle도 족보 있는 집안에서 태어났기에 좋은 기질이나 성품을 지니고 있어서 남에게 겸손하며 친절한 것을 표현한 형용사로 상냥한이란 뜻이야. 그래서 gentleman은 좋은 성품을 지닌 신사라는 뜻이고 '사람들'을 뜻하는 folks를 붙인 gentlefolks는 '가문이 좋은 사람들'을 의미해.

gene과 gener도 '탄생'이라는 뜻을 지니고 있어.

gene은 태어나면서 부모가 자식에게 특성을 물려주는 현상인 유전자야. gene과 sis를 붙인 genesis는 기원, 발생과 세상의 탄생을 뜻하는 창세기를 의미해. 한국에서는 자동차 이름이기도 한 제네시스는 이 차를 통해 자동차의 새로운 세상이 새롭게 개척되는 것을 표현하고자 지어진 이름이야. 성서의 창세기는 대문자로 시작하는 Genesis로 표기해야 해.

gener에 '속하다'를 뜻하는 al을 붙인 general은 세상에 태어나는 모든 것을 표현하는데 형용사로는 전체의, 명사로는 군대에 입대한(태어난) 모든 사람을 다스린다고 해서 장군을 의미해. '가득한, 풍부한'을 뜻하는 ous를 붙인 generous는 부유하고 풍족하게 태어났기에 남에게 너그러이 대접하는 것을 표현한 관대한, generous에서 u를 빼고 ity를 붙인 generosity는 관대라는 뜻이지.

빈칸에 적절한 뜻과 철자를 넣으세요.

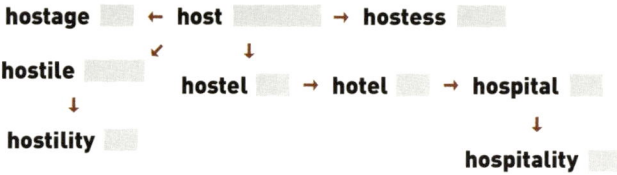

hostage ⬜ ← **host** ⬜ → **hostess** ⬜

hostile ⬜ ↙ **hostel** ⬜ → **hotel** ⬜ → **hospital** ⬜

hostility ⬜ ↓

hospitality ⬜

---

host⬜⬜⬜ 인질 ← ⬜⬜⬜⬜ 이방인, 주인 → **host**⬜⬜⬜ 여주인

host⬜⬜⬜ 적대하는 ↙ **host**⬜⬜ 숙소 → ⬜⬜⬜⬜ 호텔 → ⬜⬜**spital** 병원

hostil⬜⬜⬜ 적대 ↓

hospital⬜⬜⬜ 환대

```
gentleman ▢
    ↑
gentle ▢  ← gen → genus ▢ → genius ▢
       ↙  발생↓
  gene ▢      gener → general ▢▢
    ↓                ↘
genesis ▢▢           generous ▢
                        ↓
                     generosity ▢
```

```
gentle▢▢▢ 신사
     ↑
gen▢▢▢ 상냥한  ←  gen  →  gen▢▢ 종류 → gen▢▢▢ 천재
                  ↙  발생↓
     gen▢ 유전자      gener → gener▢▢ 전체의, 장군
         ↓                ↘
gene▢▢▢ 기원, 발생           gener▢▢▢ 관대한
                              ↓
                           gener▢▢▢▢▢ 관대
```

45

013 **save** 구하다, 보호하다

MP3

salvage 해난구조   **savior** 구조자, 구제자
sal-vij   seyv-yer

↑   ↑

salvation 구조   ←   **salver**   →   **save** 구하다, 보호하다   →   **saver** 보호기
sal-**vey**-shuhn   seyv   seyv-ver

↓   ↓

salve 연고   **safe** 안전한   →   **safely** 안전하게
sahv   seyf   seyf-lee

↓

safety 안전
seyf-tee

고전영어에서 쓰인 salver는 사람이나 사물을 위험으로부터 안전한 곳으로 옮기는 '구하다'를 뜻한 단어이고, 현대영어로 오면서 save로 철자가 변화했고 구하다, 안전한 곳에서 지키는 보호하다를 뜻하게 되었어.

save에 er을 붙인 saver는 사람, 동물, 자연 등을 위험으로부터 구하는 보호자, 사물을 뜻할 땐 보호기를 뜻해. 그래서 브라운관의 모니터가 타는 것을 방지하기 위해 만들어진 '화면보호기'를 screen saver라고 해.

savior는 구조자, 구제자를 뜻하는데 기독교에서는 사람들을 구원하기 위해 온 예수를 의미하는 구원자라는 뜻으로 사용하고 첫 글자를 대문자로 써서 Savior라고 표기해.

save에서 v를 f로 바꾼 safe는 위험이 전혀 없는 안전한이란 의미야. 형용사 뒤에 ly가 붙으면 부사가 되는 경우가 많은데 safe도 마찬가지야. safe와 ly가 만난 safely는 부사로 안전하게야. safe의 명사형은 safety로 안전을 뜻하는데, 자동차를 운전하거나 비행기를 탑승할 때 꼭 착용해야 하는 '안전벨트'는 safety belt, 군대에서 사용하는 수류탄이나 소화기에 달린 '안전핀'은 safety pin이라고 하지.

원어인 salver에서 파생된 salve는 아픔을 옮기고 상처 난 곳을 보호하는 연고를 말해. salve에 명사로 만드는 접미사 age를 붙인 salvage는 바다에서 위험에 빠진 사람을 구하는 해난구조야. 명사형 salvation은 어려운 상황에 놓인 사람들을 구하는 구조나 구출이라는 뜻이지.

014 **original** 최초의; 원형

orientation 오리엔테이션
awr-ee-uhn-**tey**-shuhn

↑

orient 동양; 적응하다 ← **ori** → **origin** 기원, 발생
awr-ee-uhnt   **awr**-i-jin

↓

oriental 동방의
awr-ee-**en**-tl

originate 창조하다 → **origination** 창조
uh-**rij**-uh-neyt   uh-**rij**-uh-ney-shuhn

↑

original 최초의; 원형 → **originally** 최초로
uh-**rij**-uh-nl   uh-**rij**-uh-nl-ee

↓

originality 독창성
uh-rij-uh-**nal**-i-tee

아침에 해가 떠올라오는 것을 의미하는 고전 라틴어 ori는 '일어나다'를 뜻했어. gin을 붙인 origin은 해가 떠올라 새로운 날이 처음 시작되는 것처럼 무언가가 새로 태어나고 시작되는 것을 의미하는 기원, 발생이야.

original은 작가가 직접 손으로 만든 전혀 복사되지 않은 원작품인 '오리지널'을 뜻해. 정확하게는 누군가에 의해 모방하지 않고 새롭게 탄생한 최초의, 원래의 형태를 지니고 있는 물건인 원형을 뜻하지. 부사 originally는 최초로, 추상명사 originality는 독창성으로 독창적인 성향이나 성질을 뜻해.

origin과 ate가 만난 동사 originate는 새로운 것을 처음으로 만드는 창조하다, 시작되다, 명사 origination은 이전에 없었던 것을 새로 만들어내는 일인 창조이지.

ori와 ent를 붙인 orient는 원래 명사와 형용사 둘 다로 쓰였어. 그렇지만 형용사로는 더 이상 쓰이지 않고 동사의 뜻이 새롭게 추가됐어. orient는 명사로는 해가 떠오르는 위치인 동쪽을 의미해서 동양, 동방을 뜻하고 동사로는 적응하다, 지향하게 하다를 뜻해. 동사의 뜻이 추가된 이유는 과거 서양에서는 중국에서 생산되는 비단을 보고 동양을 신비하게 여기고 비단을 얻기 위해 여행을 떠났어. 그래서 '유럽에서 중국을 연결한 무역항로'를 실크가 나는 땅인 Silk Road(실크로드)라 불렀어.

동방을 향해 여행을 떠났기 때문에 orient는 동쪽 한 방향으로 나아가는 것을 의미하는 지향하게 하다라는 뜻과 여행하면서 생활에 적응해나가는 적응하다라는 뜻이 생기게 된 거야.

oriental은 형용사로 동방의라는 뜻이고 orientation은 명사로 서양인들이 동방(아시아)으로 가기 위해 많은 곳을 머무르며 여러 사람과 어울리며 적응한 데서 유래된 오리엔테이션을 뜻해.

연습하기

빈칸에 적절한 뜻과 철자를 넣으세요.

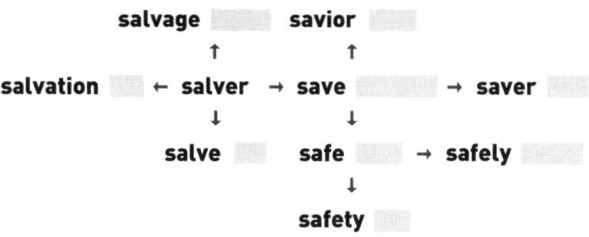

         salvage   **savior**
           ↑   ↑
salvation ← **salver** → **save**   → **saver**
          ↓   ↓
        salve   **safe**   → **safely**
                ↓
        safety

---

         salv☐☐☐ 해난구조 **sav**☐☐☐ 구조자, 구제자
           ↑   ↑
salv☐☐☐☐☐ 구조 ← **salver** → ☐☐☐☐ 구하다, 보호하다 → **save**☐ 보호기
           ↓   ↓
 ☐☐☐☐☐ 연고   ☐☐☐☐ 안전한 → **safe**☐☐ 안전하게
               ↓
       safe☐☐ 안전

orientation   **originate**   → **origination**

↑   ↑

orient   ← **ori** → **origin**

↓   ↓

oriental   **original**   → **originally**

↓

originality

---

orient☐☐☐☐☐ 오리엔테이션   **origin**☐☐☐ 창조하다 → **origin**☐☐☐☐☐ 창조

↑   ↑

ori☐☐☐ 동양; 적응하다 ← **ori** → **ori**☐☐☐ 기원, 발생

↓   ↓

orient☐☐ 동방의   **origin**☐☐ 최초의; 원형 → **original**☐☐ 최초로

↓

original☐☐☐ 독창성

015 **energy** 정력, 힘

synergistic 상승적인
sin-er-**jis**-tik

↑

energetic 정력적인   **synergist** 상승제
en-er-**jet**-ik   sin-er-jist

energumen 귀신 들린 사람
en-er-gju-muhn

↑   ↗   ↑

energy 정력, 힘   ←   **nergy**   →   **synergy** 협동
en-er-jee   sin-er-jee

↓   ↓

energize 활기 있게 하다   **synergism** 상승작용
en-er-jahyz   sin-er-jiz-uhm

↓

energizer 활기를 불어넣는 사람
en-er-jahy-zer

후기 라틴어 nergy는 '활동'을 뜻했어. '안에'를 뜻하는 e를 붙인 energy 는 사람이나 사물 안에 발생하여 실제적인 활동을 할 수 있게 하는 정력이나 힘을 의미해.

energy의 동사형인 energize는 실제로 활동할 수 있게 기운을 불어넣는 활기 있게 하다를 의미하고 명사형인 energizer는 활기를 불어넣는 사람이나 활력이 넘치는 것을 의미해. 건전지 상표로 유명한 Energizer는 활력이 넘치기 때문에 어떤 기계장비에도 길고 오랫동안 사용할 수 있다는 것을 표현하는 이름이야.

 energy의 형용사형인 energetic은 에너지를 발생시키는 것을 표현하고 있기에 정력적인이고 energumen은 안에서 발생한 힘이 사람 스스로에게서 나온 게 아니라 귀신한테서 나온 귀신 들린 사람을 뜻해.

잠시 원어인 nergy로 돌아가 보자. nergy에 '함께'를 뜻하는 sy를 붙인 synergy 는 경제 용어로 자주 쓰이고 '시너지를 일으키다' 혹은 '시너지 효과'라는 표현으로 많이 언급되고 있는데 공동으로 함께 일해나가는 협동을 의미해.

synergy에서 파생된 synergism은 무언가를 공동으로 사용할 때 나타나는 상승작용을 말해. synergy에서 파생된 단어 중에 약을 섞어 사용하였을 때 공동효과를 일으키는 상승제를 말하는 synergist도 알아두면 좋을 거야. synergistic은 형용사로 상승적인이란 의미야.

016
MP3

unhappiness 불행
uhn-**hap**-ee-nis

↑

happiness 행복   **happening** 사건
hap-ee-nis   **hap**-uh-ning

↑   ↑

unhappy 불행한 ← **happy** 행복한 ← **hap** 행운, 우연 → **happen** 일어나다
uhn-**hap**-ee   **hap**-ee   hap   **hap**-uhn

↓   ↓

happily 행복하게   **hapless** 불운한 → **haplessness** 불운
hap-uh-lee   **hap**-lis-nis   **hap**-lis-nis

↓   ↓

unhappily 불행하게   **haplessly** 불운하게
uhn-**hap**-uh-lee   **hap**-lis-lee

중기영어 happ은 알 수 없는 어떠한 일이 사람에게 일어나는 행운이나 우연을 뜻했어. 그러다가 현대영어에서는 hap으로 바뀌었는데 의미는 똑같이 무언가가 일어나는 행운, 우연이야.

한글에서 단어를 반대말로 바꾸려면 한두 글자를 더하거나 바꾸면 되지? 예를 들면, 운의 반대는 불운이고 행운의 반대는 불행이듯, 영어에서도 이와 마찬가지로 접두사나 접미사를 붙이면 어렵지 않게 반대말을 만들 수 있어.

hap 뒤에 '~이 없는'을 뜻하는 형용사로 만드는 접미사 less를 붙이면 운이 전혀 없는 것을 의미하는 불운한이 되고, 그 뒤에 부사로 만드는 ly를 붙인 haplessly 는 불운하게를 뜻하지. hapless에 추상명사로 만드는 ness를 붙인 haplessness는 불운함이야.

hap에서 나온 happy는 좋은 일이 일어난 것을 표현한 행복한, 부사로 만드는 ly를 붙인 happily는 행복하게를 의미해. 추상명사로 만드는 ness가 붙은 happiness는 행복을 말하지.

앞에서는 접미사를 붙여서 반대어를 만들었지만 happy는 '반대'를 뜻하는 접두사 un을 붙여서 반대말을 만들어. 앞에 un을 붙이면 의미가 반대로 바뀌므로 unhappy는 불행한, unhappily는 불행하게, unhappiness는 불행을 뜻하는 거야.

참고로 hap에서 파생된 단어 중에 접미사 en을 붙인 happen은 어떠한 일이 갑자기 발생하는 것을 의미하는 '일어나다'라는 뜻이 있는 동사이고 ing를 붙인 명사형 happening은 어떠한 일이나 현상이 발생한 결과를 뜻하는 '사건'을 의미해.

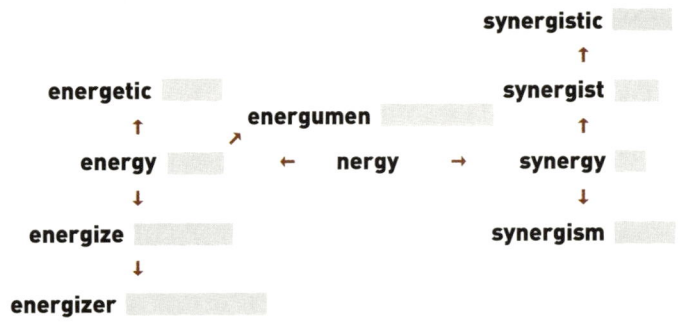

synergistic

↑

synergist

↑

energetic   energumen   synergy

↑   ↗

energy   ←   nergy   →   synergy

↓   ↓

energize   synergism

↓

energizer

---

synergist☐☐ 상승적인

↑

energ☐☐☐☐ 정력적인   energumen 귀신 들린 사람   synerg☐☐☐ 상승제

↑   ↗   ↑

☐nergy 정력, 힘   ←   nergy   →   ☐☐nergy 협동

↓   ↓

energ☐☐☐ 활기 있게 하다   synerg☐☐☐ 상승작용

↓

energize☐ 활기를 불어넣는 사람

```
                    unhappiness
                         ↑
            happiness                    happening
                ↑                            ↑
 unhappy   ←  happy   ←   hap      →   happen
                ↓            ↓
            happily      hapless    →  haplessness
                ↓            ↓
         unhappily      haplessly
```

```
            □□happiness 불행
                   ↑
       happ□□□□□ 행복                    happen□□□ 사건
                   ↑                            ↑
□□happy 불행한 ← □□□□□ 행복한 ← □□□ 행운, 우연 → hap□□□ 일어나다
                   ↓            ↓
       happ□□□ 행복하게 hap□□□□ 불운한 → hapless□□□□ 불운
                   ↓            ↓
       □□happily 불행하게 hapless□□ 불운하게
```

57

017 **act** 행동, 연기; 행동하다, 연기하다

transaction 거래, 처리
tran-**sak**-shuhn

react 반응하다
ree-**akt**

transact 거래하다
tran-**sakt**

interact 상호작용을 하다
in-ter-**akt**

act 행동; 행동하다
akt

actor 남자연기자
ak-ter

actress 여자연기자
ak-tris

active 활발한
ak-tiv

activity 활기
ak-**tiv**-i-tee

actively 활발히
ak-tiv-lee

activate 활성화하다
ak-tuh-veyt

activation 활성화
ak-tuh-vey-shuhn

원래 act는 아무것도 하지 않는 멈춰 있는 상태에서 어떠한 움직임을 취하는 것을 뜻한 단어였어. 그래서 명사로는 행동을 뜻했고 동사로는 행동하다라는 뜻이었지. 그러다가 공연이나 영화에서 (사람이) 맡긴 배역을 움직이는 것을 의미하는 연기, 연기하다라는 뜻이 생기게 되었어. 그래서 남자연기자는 actor, 여자연기자는 actress라고 부르게 된 거야.

겨울잠을 자는 동물이 봄이 되면 멈추어 있던 상태에서 움직여 활동하듯 act에서 파생된 active도 멈추어 있는 상태에서 움직이는 상태를 표현한 활동적인, 활발한이란 뜻이야. 부사 actively는 활동적으로, 활발히라는 뜻이고 명사 activity는 사람이나 어떠한 것이 활동성을 지니는 활기를 말해. 동사 activate는 무언가를 움직일 수 있는 상태로 만드는 활성화하다, 작동하다라는 의미야. 여기에 명사로 만드는 접미사 ion을 붙인 activation은 움직임을 뜻하는 활성화야.

act 앞에 '다시'를 뜻하는 접두사 re를 붙인 react는 어떠한 행동이나 자극을 통해 현상이 나타나는 반응하다라는 뜻이 있어.

앞에 '넘어서'를 뜻하는 trans를 붙인 transact는 어떠한 일이나 행동을 다 마치려는 거래하다, 처리하다라는 뜻이고 명사 transaction은 거래, 처리라는 뜻이야. 앞에 '상호 간의'를 뜻하는 inter를 붙인 interact는 상호 간의 행동을 같이 하는 소통하다, 상호작용을 하다라는 뜻이야.

018
MP3

018 **fact** 사실

feature 특색
fee-cher

↑

feat 위업   **faculty** 능력, 전교직원
feet   **fak**-uhl-tee

↖   ↑

factory 공장 ← **factor** 요인 ← **fact** 사실 → **facile** 손쉬운 → **disfacile**
fak-tuh-ree   **fak**-ter   fakt   **fas**-il

↓   감소↓

facility 시설, 기능   **difficult** 어려운
fuh-**sil**-i-tee   **dif**-i-kuhlt

↓

difficulty 어려움
dif-i-kuhl-tee

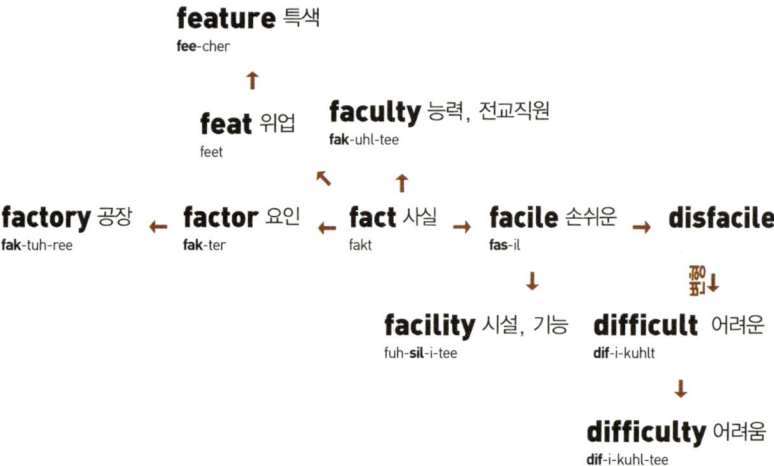

이번에 배울 fact는 앞에서 배운 act에서 나온 단어야. act앞에 f를 붙인 fact는 act가 가진 의미와 똑같은 뜻이었어. 그래서 행동을 하게 되는 '행위'를 의미했었지만, 현재는 그 뜻에서 영향을 받아서 나온 실제적인 행위를 했던 것이나 정말로 일어난 사건을 의미하는 사실을 뜻하게 된 거야.

fact에서 나온 factor는 어떠한 결과나 사실이 발생하게 된 것을 의미하는 요인 이나 원인을 뜻하고, 공장이라는 뜻을 지닌 factory도 어떠한 결과물을 생산시키 게 되는 장소라는 의미가 있어.

fact에 '쉬운'을 뜻하는 il을 붙인 facile은 쉽게 행동하는 것을 표현한 손쉬운이 야. ity를 붙인 facility는 생활의 편리를 위해 쉽게 이용할 수 있는 것을 뜻하는 시설, 기능을 의미해. 지금은 쓰이지 않는 disfacile은 facile과 '부정'을 뜻하는 dis가 만나면서 철자가 difficult로 변했어. difficult는 facile의 반대말로 어려운, 힘겨운을 뜻하고 difficulty는 어려움이나 곤경을 뜻해.

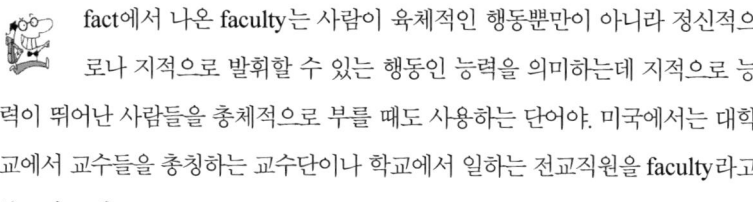 fact에서 나온 faculty는 사람이 육체적인 행동뿐만이 아니라 정신적으 로나 지적으로 발휘할 수 있는 행동인 능력을 의미하는데 지적으로 능 력이 뛰어난 사람들을 총체적으로 부를 때도 사용하는 단어야. 미국에서는 대학 교에서 교수들을 총칭하는 교수단이나 학교에서 일하는 전교직원을 faculty라고 부르기도 해.

fact에서 나온 feat는 어떠한 행위나 행동을 통해 무언가를 해내는 위업과 어떠 한 특별한 행위를 발휘하는 솜씨를 의미해. feat에서 파생된 feature는 전체 안에 서 특별하게 구별되는 행위나 특징을 의미하는 특색을 뜻해. 가수들의 앨범에 적 혀 있는 featuring은 비록 노래 전체를 맡아서 부르는 메인 보컬은 아니지만 곡 의 특별한 부분에 포함되어 노래부르는 사람을 말하는 거야.

빈칸에 적절한 뜻과 철자를 넣으세요.

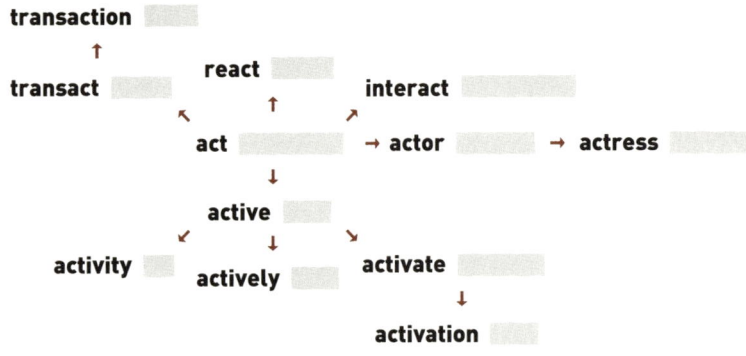

transaction

↑

transact　　　　**react**

　　　　　　↑　　　　**interact**

↖　**act**　↗

act　→　**actor**　→　**actress**

↓

active

↙　↓　↘

activity　**actively**　**activate**

↓

activation

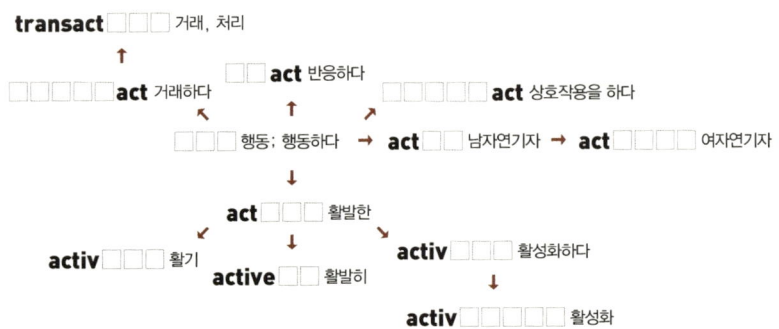

transact☐☐☐ 거래, 처리

↑

☐☐☐☐☐**act** 거래하다　　☐☐**act** 반응하다　　☐☐☐☐☐**act** 상호작용을 하다

↖　↗

☐☐☐ 행동; 행동하다　→　**act**☐☐ 남자연기자　→　**act**☐☐☐☐ 여자연기자

↓

act☐☐☐ 활발한

↙　↓　↘

activ☐☐☐ 활기　**active**☐☐ 활발히　**activ**☐☐☐ 활성화하다

↓

activ☐☐☐☐☐ 활성화

```
                    feature
                       ↑
                    feat        faculty
                       ↑      ↗
factor    ←    fact    →    facile    →    disfacile
  ↓                           ↓            반대↓
factory                    facility      difficult
                                            ↓
                                         difficulty
```

```
                    feat□□□ 특색
                       ↑
                    □□□□ 위업
                       ↑      ↗ faculty 능력, 전교직원
fact□□ 요인  ←  □□□□ 사실  →  fac□□□ 손쉬운  →  disfacile
  ↓                              ↓                반대↓
factor□ 공장                   facil□□□ 시설, 기능   difficult 어려운
                                                    ↓
                                                 difficult□ 어려움
```

019 **excel** 뛰어나다, 빼어나다

excellence 뛰어남
ek-suh-luhns

↑

excel 뛰어나다 ← **cel** → **accelerate** 가속하다 →
ik-**sel**

↓

excellent 뛰어난
ek-**suh**-luhnt

acceleration 가속
ak-sel-uh-**rey**-shuhn

↑

accelerate 가속하다
ak-**sel**-uh-reyt

↓

accelerator 가속기
ak-**sel**-uh-rey-ter

deceleration 감속
dee-sel-uh-**rey**-shuhn

↑

decelerate 속도를 줄이다
dee-**sel**-uh-reyt

↓

decelerator 감속기
dee-**sel**-uh-rey-ter

'높이 올리다'를 뜻했던 cel은 더 이상 영단어에 존재하지 않지만 cel에서 파생된 영단어가 많아.

cel 앞에 '밖으로'를 뜻하는 ex를 붙인 excel을 접하면 아마 마이크로소프트사의 엑셀 프로그램부터 떠오를 거야. excel은 남보다 훨씬 높고 뛰어난 능력을 발휘하는 **뛰어나다, 빼어나다**이고 앞에서 말한 엑셀 프로그램은 그러한 뛰어난 능력을 지닌 프로그램이라는 것을 고유명사로 표현한 이름이지. 형용사로 만드는 접미사 ent가 붙어서 생긴 excellent는 존경을 담을 정도로 매우 뛰어나고 환상적인 것을 표현해서 **훌륭한, 뛰어난**이고, excellence는 명사로 **훌륭함, 뛰어남**이야.

자동차의 속도를 높일 때 쓰이는 가속 장치 혹은 가속 페달을 악셀이라고 부르는데 실제로는 액셀러레이터라고 말하는 것이야. 악셀은 영단어 accelerator를 줄여서 부르는 말인데 철자를 자세히 보면 가운데 cel이 있어. 앞에 붙은 ac는 방향을 의미하는 접두사 ad가 붙으면서 발음 상으로 철자가 바뀐 것이고, cel과 er이 합쳐진 celer는 무언가를 빠르게 증가시키는 것을 의미해. acceler는 현재 쓰이지 않지만, 뒤에 ate를 붙인 accelerate는 속도를 빠르게 높이는 **가속하다**는 뜻으로 자주 사용하는 동사야. 앞에서 얘기한 accelerator는 자동차의 속도를 높이는 **가속기**인 액셀러레이터가 되고 명사인 acceleration은 속도가 올라가는 것을 뜻하는 **가속**이라는 뜻이야.

속도를 올리는 것이 가속이면 반대로 속도를 줄이는 것은 감속이겠지. accelerate에서 ac를 빼버리고 '아래'를 뜻하는 de를 붙이면 decelerate가 되고 올라간 속도를 떨어뜨리는 **속도를 줄이다**라는 의미야. 접미사 or을 붙인 decelerator는 속도를 줄이는 **감속기**를 의미해. 속도를 아래로 떨어뜨리기에 생긴 단어인 감속은 deceleration이라고 해.

020 **decide** 결정하다

decisive 결정적인
dih-**sahy**-siv

matricide 모친살해
ma-tri-sahyd

patricide 부친살해
pa-truh-sahyd

decide 결정하다 ← **cide**
dih-**sahyd**

patriot 애국자
pey-tree-uht

decision 결정
dih-**sizh**-uhn

suicide 자살
soo-uh-sahyd

homicide 살인
hom-uh-sahyd

patriotism 애국심
pey-tree-uh-tiz-uhm

cide는 좀 섬뜩한 단어로 원래는 무언가를 조각내 버리는 '자르다'라는 의미였어. 그러다가 사람 또한 자른다고 해서 '죽이다'라는 의미도 갖게 되었지. 현재는 거의 사용하지 않지만 여기서 파생된 영단어가 많아.

먼저 '자르다'라는 의미에서 파생된 단어부터 보자. 앞에 '분리, 제거'를 뜻하는 de를 붙인 decide가 처음 쓰일 때는 하나의 것을 여러 개로 분리하는 '분리하다'는 뜻으로 쓰였지만 현재는 여러 가지 분리된 생각이나 의견 중 하나를 정하는 결정하다로 쓰여. decide의 명사형은 decision으로 결정, 판단을 뜻하고 형용사형 decisive는 결정적인이란 의미야.

'죽이다'라는 의미에서 파생된 단어 중 '자신'을 뜻하는 sui를 붙인 suicide는 자신을 죽이는 자살이고, '사람'을 뜻하는 homi를 붙인 homicide는 살인을 뜻해. cide 앞에 라틴어로 '어머니'를 뜻하는 접두사 matri를 붙인 matricide는 모친살해이지.

참고로, matri와 철자가 상당히 비슷한 matrix는 행렬을 뜻하는 단어야. matri에서 파생된 단어로 원래는 아기를 낳는 여성이나 동물의 암컷을 의미했어. 한 여성이 아이를 낳으면 그다음에 태어난 여성이 아이를 낳는 행위가 반복적인 것을 의미해서 '행렬'이라는 뜻으로 쓰이게 되었어. 영화 제목으로도 사용되었는데, 스크린에 나타나는 숫자가 끊임없이 움직이면서 반복적으로 행렬하는 장면이 지속적으로 등장하지.

다시 cide로 돌아가서, 라틴어로 '아버지'를 의미하는 patri를 붙인 patricide는 부친살해야. patriot도 patri에서 생겨난 영단어로 아버지의 상징적인 의미인 나라로 묘사해서 나라를 사랑하고 보호하는 사람을 의미하는 애국자를 뜻하고 애국심은 patriotism이야.

역시 콜라 보다는
사이다가 내 입맛에
맞아.

콜라를 죽이겠다는
의미로 cide를
사용한 건가?

코카콜라(Coca-Cola)는 전 세계적으로 변함없는 사랑을 받으며 가장 많이 팔리는 대표적인 청량음료이지만 한국에는 그 아성을 위협하는 무서운 라이벌인 사이다(Cider)가 있다. 레몬향이 첨가된 한국의 사이다와 맛이 비슷한 제품으로는 스프라이트(Sprite)와 세븐업(7up)이 있어. 다들 알다시피 펩시콜라(Pepsi-Cola)가 코카콜라의 최대 라이벌인데 이 두 기업에서 생산되는 음료가 바로 코카콜라사의 스프라이트, 펩시사의 세븐업이야. 라이벌답게 두 기업은 음료를 납품하는 업체도 달라서 세계적인 패스트푸드 체인인 맥도날드(McDonald's)에서는 코카콜라를 판매하고, 펩시사의 자회사인 KFC에서는 펩시콜라를 판매하지. 재미있게도 전 세계에서 유일하게 한국의 KFC만 코카콜라를 판매한다고 해. 국내의 한 회사가 과거에 KFC와 코카콜라의 라이선스를 다 취급했기 때문에 현재까지도 그렇게 유지되고 있다고 해.

연습하기

빈칸에 적절한 뜻과 철자를 넣으세요.

excellence [ ]   acceleration [ ]   deceleration [ ]
↑   ↑   ↑
excel [ ] ← cel → accelerate → decelerate
↓   ↓   ↓
excellent [ ]   accelerator [ ]   decelerator [ ]

---

excel[ ][ ][ ][ ] 뛰어남   accelerat[ ][ ][ ] 가속   decelerat[ ][ ][ ] 감속
↑   ↑   ↑
[ ][ ]cel 뛰어나다 ← cel → [ ][ ]celerate 가속하다 → [ ][ ]celerate 속도를 줄이다
↓   ↓   ↓
excel[ ][ ][ ] 뛰어난   accelerat[ ][ ] 가속기   decelerat[ ][ ] 감속기

decisive   matricide

    ↑   ↑   ↗ **patricide**

decide   ← cide ↗   ↘ **patriot**

    ↓   ↓ ↘ **homicide**   ↓

decision   suicide   **patriotism**

---

deci⬜⬜⬜⬜ 결정적인   ⬜⬜⬜⬜**cide** 모친살해

    ↑   ↑ ↗ ⬜⬜⬜⬜⬜**cide** 부친살해

⬜⬜**cide** 결정하다   ← cide   ↘

    ↓   ↓ ↘ ⬜⬜⬜⬜**cide** 살인   **patri**⬜⬜ 애국자

deci⬜⬜⬜⬜ 결정   ⬜⬜⬜**cide** 자살   ↓

                                  patriot⬜⬜⬜ 애국심

021 **terminal** 최종의; 종점

MP3

determinative 결정력이 있는
dih-**tur**-muh-ney-tiv

determiner 결정하는 사람
dih-**tur**-muh-ner

determine 결정하다 → **determination** 결정
dih-**tur**-min   dih-tur-muh-**ney**-shuhn

terminate 종결시키다 ← **term** 기간 → **midterm** 중간고사
tur-muh-neyt   turm   **mid**-turm

terminator 종결자   **terminal** 최종의; 종점
tur-muh-ney-ter   **tur**-muh-nl

프랑스어 terme은 어떠한 공간 안에 한계가 있는 '끝'이나 '한정'을 뜻 했고 여기서 파생된 현대영어 term은 어떠한 시간 안에 끝을 정해놓는 기간이라는 뜻이 있어. '텀이 있다'라고 말하는 경우가 종종 있는데 이는 '기간에 도달하기 전까지 시간이 남아 있다'라는 뜻이야. '중간'이라는 뜻을 지닌 mid와 term이 만난 midterm은 한 학기의 중간까지의 과정을 마무리하는 중간고사를 뜻해. 예전에는 시험을 뜻하는 exam이 뒤에 붙곤 했지만 현재는 거의 midterm 이라고 말해. 기말고사를 뜻하는 final exam도 줄여서 final이라고 말하지.

terminal은 형용사로 마지막 끝자락에 놓인 상태를 표현하는 최종의라 는 뜻과 명사로 마지막 도착지점인 종점을 뜻해. 버스가 마지막에 도착 하는 종착역이 버스 터미널이지.

terminate는 어떠한 것을 완벽히 끝내는 것을 의미하는 종결시키다, terminator 는 어떠한 것이든 파괴하고 멸망시키는 사람을 의미하는 종결자야. 영화 Terminator는 미래에서 인간 세상을 종결시키고자 주인공 존 코너를 죽이러 온 사이보그를 의미하는 제목이야.

'확실히 하는'이라는 의미의 접두사 de를 붙인 determine은 행동이나 태도 를 분명하게 끝까지 마무리 짓는 결정하다라는 의미야. determine의 명사형인 determination은 결정이란 뜻이고 형용사 determinative는 결정력이 있는이지. determiner는 행동이나 태도를 확실히 마무리 짓는 사람을 말하는 결정하는 사 람을 의미해.

022 **opera** 오페라

MP3

opera 오페라
op-er-uh

↓

operator 조작자 ← **operate** 일하다 → **cooperate** 협력하다
op-uh-rey-ter   **op**-uh-reyt   koh-**op**-uh-reyt

↓   ↓   ↓

operatory 작업실   **operation** 조작   **cooperation** 협력
op-er-uh-tawr-ee   op-uh-**rey**-shuhn   koh-op-uh-**rey**-shuhn

라틴어 opera는 원래 '노력을 요하는 일'이나 '작업'을 뜻했어. 그러다가 무대에서 노래를 부르는 일이나 연기를 하는 일이라는 의미가 더해지면서 음악과 연기가 모두 한 무대에서 어우러지는 공연이라는 뜻을 가진 영단어가 되었어.

opera의 본래 의미인 '일, 작업'에서 파생된 operate는 일을 위해 어떠한 동작을 하게 만드는 움직이다, 일하다이고 operate의 명사형 operation은 기계나 사람이 일하는 상태나 동작을 뜻하는 조작, 작용이지.

컴퓨터를 작동하기 위해 사용하는 운영체계를 operation system 혹은 operating system이라고 말하고 약자로는 OS라고 하는데 컴퓨터에 사용되는 하드웨어와 소프트웨어를 제어하여 컴퓨터를 쓸 수 있게 하는 프로그램을 말해. 대표적인 OS로 마이크로소프트사의 윈도(Windows) OS와 애플사(Apple Incorporated)의 매킨토시(Macintosh)OS가 있어.

operate에 접미사 or을 붙인 operator는 기계나 장치 등을 움직일 수 있게 조작하는 사람인 조작자, 거기에 y를 붙인 operatory는 기구나 설비장치가 갖추어진 공간을 말하는 작업실이야.

우리 속담 '백지장도 맞들면 낫다'는 아무리 작은 일이라도 혼자 하는 것보다 함께 하면 훨씬 쉽다는 의미야. 영어에서도 혼자 일하는 것이 아니라 함께 일한다고 해서 생긴 단어가 있는데 operate에 '함께'를 뜻하는 co를 붙인 cooperate로 함께 일하는 협력하다를 의미해. cooperate에 명사로 만드는 접미사 ion을 붙인 cooperation은 함께 일하는 협력을 뜻하는데 특히 국제적인 '경제적 협력'을 economic cooperation이라고 하고 국가 간의 정치적인 '국제평화를 위한 국제 협력'을 international cooperation이라고 하는 것도 알아둬.

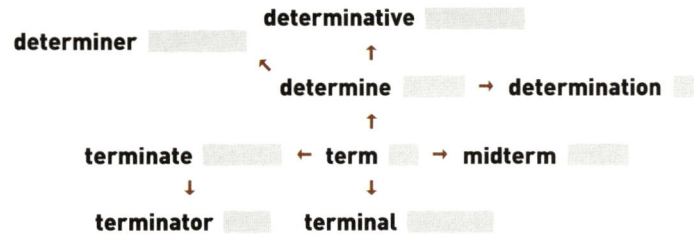

determinative

determiner

↑

↖

determine → **determination**

↑

terminate ← **term** → **midterm**

↓   ↓

terminator   **terminal**

---

determin⬜⬜⬜⬜⬜ 결정력이 있는

determine⬜ 결정하는 사람

↖   ↑

⬜⬜**term**⬜⬜⬜ 결정하다 → **determin**⬜⬜⬜⬜ 결정

↓

term⬜⬜⬜⬜ 종결시키다 ← ⬜⬜⬜⬜ 기간 → ⬜⬜**term** 중간고사

↓   ↓

terminat⬜⬜ 종결자   **term**⬜⬜⬜ 최종의; 종점

opera ▨▨▨

↓

operator ▨▨▨ ← operate ▨▨▨ → cooperate ▨▨▨

↓   ↓   ↓

operatory ▨▨   operation ▨▨   cooperation ▨▨

□□□□□ 오페라

↓

operat□□ 조작자 ← **opera**□□ 일하다 → □□**operate** 협력하다

↓   ↓   ↓

operator□ 작업실   **opera**□□□□ 조작   **cooperat**□□□ 협력

023 jealous 질투하는, 질투심 많은

jealous 질투하는 → **jealousy** 질투
jel-uhs   jel-uh-see

↑

zealot 열광자 ← **zeal** 열심 → **zealous** 열심인
zel-uht   zeel   zel-uhs

↓

zealously 열심히
zel-uhs-lee

영단어 중에는 성서의 영향을 받아서 생긴 것들이 무척 많다. 특히 기독교 국가인 미국에서는 이름을 지을 때 성서에 등장하는 인물의 이름을 많이 사용해. 미국의 17대 대통령 에이브러햄 링컨의 이름에도 성서에 나오는 Abraham이 사용된 거야.

zeal은 비록 사람의 이름은 아니지만 앞에서 얘기했듯이 성서에서 영향을 받아 생긴 단어야. 성서에서 하느님은 네 가지 형상인 사랑, 진노, 공의, 질투를 지니고 있어. 그렇기에 다른 신을 섬기지 말고 오직 자신만을 열심을 다해 섬기라 하여 열심을 뜻하는 단어 zeal이 생기게 되었지.

'가득한'을 뜻하는 ous를 붙인 형용사 zealous는 무언가에 열정이 가득한 것을 표현한 열심인, zealous에 ly를 붙여 부사로 만든 zealously는 열심히를 뜻해.

zeal에 ot를 붙인 zealot는 열정을 보여주는 사람이나 열중하는 사람을 말해. 전략 시뮬레이션 게임 StarCraft에 등장하는 질럿도 열심을 다해 열정적으로 싸우는 외계 전사를 의미하지. 대문자로 시작하는 Zealot은 로마인들에 저항했던 '유대교의 열심당원(熱心黨員)'을 의미했어.

zealous의 철자를 약간 바꾼 jealous는 형용사로 질투하는, 질투심 많은을 뜻해. jealous 뒤에 y를 붙여 명사로 만든 jealousy는 앞의 뜻과 마찬가지로 사랑하고 있는 상대가 자기 이외의 다른 인물을 사랑하고 있을 때 일어나는 감정인 질투야.

024 **lucifer** 샛별, 악마

luciferase 발광효소
loo-**sif**-er-eys

↑

lucifer 샛별, 악마 ← **luci** → **lucid** 빛나는, 맑은 → **lucidly** 맑게
loo-suh-fer   loo-sid   **loo**-sid-lee

↓   ↓

luciferin 발광물질   **lucidity** 맑음
loo-**sif**-er-in   **loo**-sid-i-tee

'빛'을 의미하는 라틴어 luci에 d를 붙이면 빛나는이란 의미의 영단어 lucid가 돼. lucid의 의미 중에 맑은, 투명한이 있는데 이는 과거에 서양인들이 맑고 투명한 물에 비친 햇빛 때문에 그 물 또한 빛난다고 생각했기 때문에 생긴 의미야. lucid clothes는 안이 보이는 투명한 '망사 옷'이야. lucid를 부사로 만든 lucidly는 맑게이고 추상명사로 만든 lucidity는 맑음이야.

lucifer는 친숙한 단어일 텐데 악마라는 뜻으로 제일 많이 기억할 거야. 그러나 원래 lucifer에는 빛(luci)을 옮긴다(fer)는 뜻이 있어. 서양에서는 빛나는 것으로 별을 많이 지칭하는데 lucifer는 어두운 밤하늘에서 마치 신이 옮겨놓은 것처럼 가장 빛나는 별을 의미하지. '해가 뜨기 바로 직전의 밤이 가장 어둡다'는 우리 옛말처럼 서양에서도 해가 뜨기 전의 별이 가장 밝게 빛난다고 생각했어. 그래서 lucifer는 가장 빛나는 별인 샛별이라는 뜻을 지니게 되었어. 성서에 나오는 악마 루시퍼는 원래 가장 뛰어난 천사를 의미했는데 루시퍼가 신이 되고 싶어 하느님을 배신하고 악마가 되었어. 성경에서는 빛을 선으로 표시하고 어둠을 악으로 표시하므로 lucifer는 어둠 속에서 가장 빛나는 별이 된 것이지.

lucifer와 in이 만난 luciferin은 개똥벌레가 빛을 발산할 수 있게 도움을 주는 발광물질이고 ase와 만난 luciferase는 발광물질에 관여하는 발광효소야.

빈칸에 적절한 뜻과 철자를 넣으세요.

jealous   → **jealousy**

↑

zealot   ← **zeal**   → **zealous**

↓

zealously

⬜ealous 질투하는   → **jealous**⬜ 질투

↑

zeal⬜⬜ 열광자   ← ⬜⬜⬜⬜ 열심   → **zeal**⬜⬜⬜ 열심인

↓

zealous⬜⬜ 열심히

luciferase
　　　↑
lucifer　　　← luci → lucid　　　→ lucidly
　　↓　　　　　　　　　　　　　　　↓
luciferin　　　　　　　　　　　　lucidity

□□□□□□ase 발광효소
　　　↑
luci□□□ 샛별, 악마　← luci → luci□ 빛나는, 맑은　→ lucid□□ 맑게
　↓　　　　　　　　　　　　　　　　　　　　　　　　↓
□□□□□□in 발광물질　　　　　　　　lucid□□ 맑음

025 **mystery** 비밀, 사건

mystery 비밀, 사건 → **mister** 숙련된 사람, ~씨 → **mistress** 여성, 결혼한 여성
mis-tuh-ree   mis-ter   mis-tris

↓   ↓

mystic 신비적인; 신비주의자   **master** 스승, 왕 → **maestro** 지휘자
mis-tik   mas-ter   mahy-stroh

↓   ↓

mysticism 신비주의   **minister** 장관 → **administer** 관리하다
mis-tuh-siz-uhm   min-uh-ster   ad-min-uh-ster

↓

administration 관리
ad-min-uh-strey-shuhn

숨겨진 비밀이나 놀라운 사건을 뜻하는 mystery에는 숙련된 직업이라는 의미도 있어. 재밌게도 y를 i로 바꾸고 끝의 y를 없앤 mister(Mr.)는 숙련된 사람을 뜻했는데 과거에는 남자만 밖에서 일했기 때문에 자연스럽게 남자를 부르는 존칭이 된 거지. mister에 여성을 뜻하는 ess가 붙으면서 철자가 변화된 mistress(Mrs.)는 남자와는 반대로 결혼 후 집에서 일하는 여성을 뜻해.

mister에서 i를 a로 바꾼 master는 mister의 (무언가를 끝내서) 숙련된 사람이라는 뜻이 master로 전달되면서 높은 위치에 있는 '스승'이나 '왕'을 가리키게 됐지. 관현악단인 오케스트라를 지휘하는 지휘자나 거장을 maestro라고 하는 것은 master가 이탈리아에서 사용되면서 철자가 변화한 거야.

 master에 '작은'을 뜻하는 mini를 붙인 minister는 왕이나 신을 바로 밑에서 섬기고 따르는 사람인데 현재는 나라의 대통령을 바로 밑에서 보좌하는 장관이나 신을 섬기는 목회자를 의미해. 방향을 뜻하는 접두사 ad를 붙인 administer는 높은 위치에 있는 사람이 나라나 기업을 다스리는 관리하다, 운영하다이고 administration은 관리나 행정, 경영이지.

MBA(Master of Business Administration)는 경영학 석사를 의미하는데 한 분야에 정통하는 사람을 의미하는 master가 '석사학위'라는 뜻까지 지니고 있기 때문이야.

다시 mystery(숨겨진 비밀)로 가면 이 단어는 지금은 사용하지 않는 myst(비밀)에서 나온 거야. 여기서 나온 mystic은 사람이 알 수 없는 신비한 것을 뜻하는 신비적인과 신비주의자란 뜻이 있지. 참고로 mystic words는 사람이 전혀 알 수 없는 말로 무언가를 중얼거리는 '주문'이야. 연예인 중에 사생활이 전혀 공개되지 않고 어디 있는지 무엇을 하는지 알 수 없는 연예인의 행동을 신비주의라 표현하고 접미사 ism을 붙인 mysticism이라고 말해.

026 **pose** 자세; 자세를 취하다

proposition 제의
prop-uh-**zish**-uhn

proposal 제안
pruh-**poh**-zuhl

positive 긍정적인; 양성
poz-i-tiv

position 위치
puh-**zish**-uhn

propose 제안하다
pruh-**pohz**

posit 단정하다
poz-it

← **pose** 자세; 자세를 취하다
pohz

→ **purpose** 목적
pur-puhs

compose 구성하다
kuhm-**pohz**

→ **composer** 작곡가
kuhm-**poh**-zer

composition 구성, 작품
kom-puh-**zish**-uhn

pose는 어떠한 장소 안에 무언가를 놓다라는 뜻이었는데 현대영어에서는 자기 자신을 놓는 자세와 자세를 취하다라는 뜻이 있어. pose를 통해 생겨난 다양한 파생어를 살펴보자.

posit은 자신의 생각 안에 실제적이라고 판단되는 것을 놓는 단정하다라는 뜻으로 사용하는 단어야. posit에서 파생된 positive는 형용사로는 자신의 생각이 옳다고 판단하는 것을 표현한 긍정적인이고 명사로는 의학적 용어로 진찰을 통해 병이 자신에게 놓여 있음을 의미하는 양성을 뜻해. 반대로 병이 없음을 의미하는 '음성'은 negative라고 해. 흔히들 negative가 부정적인 의미를 지니고 있는 단어라서 병이 있다는 의미일 것으로 생각하겠지만 negative는 병이나 실질적인 사실을 부정하는 단어야. 따라서 병을 입증할 수 없으므로 음성이라는 뜻인 거지.

pose에서 파생되어 명사로 쓰이는 position은 장소를 의미하는 위치, 사물이 배치된 상태를 뜻해.

pose 앞에 '앞으로'를 뜻하는 pro를 붙인 propose는 자신이 사랑하는 사람 앞에 자신을 놓고 고백한다고 하여 청혼하다를 뜻하는데 자신의 생각을 다른 사람들 앞에 내놓는 제안하다라는 뜻도 있어. 그래서 proposal은 제안이고 proposition은 제의라는 의미로 쓰이지. pro에서 변화된 '앞에'를 뜻하는 pur를 붙인 purpose는 자신이 이루고자 하는 계획을 미리 앞서서 생각해 놓는다고 해서 목적을 뜻해.

'함께'를 뜻하는 com을 붙인 compose는 무언가를 만들기 위해 여러 가지를 합쳐 놓는 것을 의미하는 구성하다이고 명사형 composition은 구성과 여러 가지의 것을 통해 하나의 창조품을 완성하는 작품이라는 뜻도 가지게 됐어. 접미사 er을 붙인 composer는 여러 가지 악기나 생각을 조합하여 음악을 만드는 작곡가야.

빈칸에 적절한 뜻과 철자를 넣으세요.

mystery ▢▢▢ → **mister** ▢▢▢ → **mistress** ▢▢▢
    ↓   ↓
mystic ▢▢▢   **master** ▢ → **maestro** ▢
    ↓   ↓
mysticism ▢▢   **minister** ▢ → **administer** ▢
                         ↓
                    administration ▢

---

mystery 비밀, 사건 → **m▢ster** 숙련된 사람, ~씨 → **mist▢▢▢▢** 여성, 결혼한 여성
    ↓   ↓
myst▢▢ 신비적인; 신비주의자   **m▢ster** 스승, 왕 → **ma▢stro** 지휘자
    ↓   ↓
mystic▢▢▢ 신비주의   **m▢▢▢ster** 장관 → **▢▢minister** 관리하다
                         ↓
                    administ▢▢▢▢▢▢ 관리

proposition   proposal

positive   position   ↖   ↗

      propose

   ↑   ↑   ↗

posit   ←   pose   →   purpose

       ↓

compose   →   composer

       ↓

composition

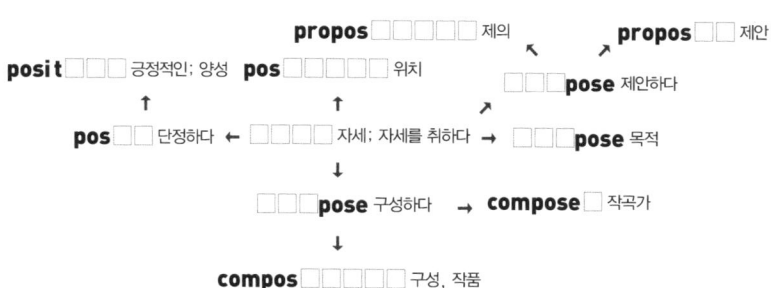

propos⬜⬜⬜⬜⬜ 제의   ↖   ↗   propos⬜⬜ 제안

posit⬜⬜⬜ 긍정적인; 양성   pos⬜⬜⬜⬜⬜ 위치   ⬜⬜⬜pose 제안하다

   ↑   ↑   ↗

pos⬜⬜ 단정하다 ← ⬜⬜⬜⬜ 자세; 자세를 취하다 → ⬜⬜pose 목적

       ↓

⬜⬜⬜pose 구성하다 → compose⬜ 작곡가

       ↓

compos⬜⬜⬜⬜⬜ 구성, 작품

027 **possible** 가능한

MP3

omnipotence 전능
om-**nip**-uh-tuhns

↑

prepossession 선입관
pree-puh-**zesh**-uhn

↑

omnipotent 전능한
om-**nip**-uh-tuhnt

↑

impotent 무력한
im-puh-tuhnt

↗

possession 소유
puh-**zesh**-uhn

↑

potent 강한
poht-nt

← **pot** 변형 → **posse** 패거리
pos-ee

→ **possess** 소유하다
puh-**zes**

↓

potential 잠재적인; 잠재력
puh-**ten**-shuhl

possible 가능한
pos-uh-buhl

→ **possibility** 가능성
pos-uh-**bil**-i-tee

↓

impossible 불가능한
im-**pos**-uh-buhl

pose와 철자가 비슷한 posse는 지금은 사용하지 않는 '힘을 가지다'라는 의미를 가진 단어였는데 지금은 패거리나 집단이라는 뜻이 있어. 그래서 원래 뜻인 '힘을 지니고 있다'는 뜻의 posse와 '할 수 있다'는 뜻을 지닌 able이 합쳐진 possible은 자신이 가지고 있는 힘을 통해 무언가를 할 수 있는 가능함을 의미해. 스포츠 의류 상표의 광고 문구로 유명한 'Impossible is nothing'의 impossible은 '부정'을 뜻하는 im을 붙인 불가능한이고 possibility는 가능한 성질을 의미하는 가능성이야.

posse와 ss가 합쳐진 possess는 육체적인 힘이 아니라 머릿속에 지니게 되는 생각이나 물질적인 것을 가지는 소유하다를 뜻해. 명사로 만드는 접미사 ion을 붙인 possession은 소유나 소지를 뜻하지만, '미리'를 뜻하는 pre를 붙인 prepossession은 미리 소유하는 물질이 아니라 자신의 마음속에 미리 고정된 생각이나 개념을 가지게 된다는 의미로 선입관이지.

posse의 철자가 변형되어 pot이 되었고, pot에 ent를 붙인 potent는 힘을 지니고 있다는 것을 표현하는 강한이야. potential은 강한 힘을 내포하고 있는 것을 뜻하는 잠재적인, 잠재력을 뜻해.

potent 앞에 몇 가지 접두사를 붙여보면 '부정'을 뜻하는 im을 붙인 impotent는 힘을 발휘하지 못하는 무력한이고 '모든'을 뜻하는 omni를 붙인 omnipotent는 마치 신처럼 모든 힘을 발휘하는 것을 표현한 전능한이야. omnipotent의 명사형인 omnipotence는 전능이라는 뜻도 있지만, 대문자로 시작한 Omnipotence는 전능한 신을 뜻하게 돼.

028 **form** 형태; 구성하다, 만들어 내다

performance 공연, 연기
per-**fawr**-muhns

performer 연기자
per-**fawr**-me

information 정보
in-fer-**mey**-shuhn

perform 공연하다
per-**fawrm**

inform 알리다
in-**fawrm**

informal 편안한
in-**fawr**-muhl

transform 변형시키다
trans-fawrm

form 형태; 구성하다
fawrm

formal 형식적인
fawr-muhl

transformer 변압기
trans-**fawr**-mer

uniform 교복
yoo-nuh-fawrm

formula 공식
fawr-myuh-luh

form은 완성된 하나의 형태를 의미하는데 그 기본적인 의미에서 다양한 의미가 추가로 생겨났어. 첫째로 눈에 보이는 형태인 외형과 사람이 동작을 취하여 하나의 형태를 지니게 되는 모습이 있지. 둘째, 이미 문서의 형태를 다 갖추고 있어서 작성자가 자신의 인적사항을 적기만 하면 되는 공식적으로 완성된 문서 서식도 form이라고 하지. 게다가 동사로도 쓰이는데 어떤 형태를 만들어 내는 구성하다와 만들어 내다를 의미해.

form에서 파생된 단어 중에 형용사 formal은 다른 사람 앞에서 자신의 태도나 말투에 형식을 갖추어 대하는 정중한, 형식적인이고 formula는 말이나 숫자를 통해 하나의 형식이나 형태로 만드는 공식이야.

form에 접두사를 붙이면 재미난 단어들이 많아. '다른 쪽으로 향하다'는 뜻으로 쓰인 in을 붙인 inform은 자신이 알거나 만든 어떠한 형태의 것을 상대방에게 주거나 전하는 알리다를 의미하고, 여기서 나온 information은 도움이 되게 알려진 것을 뜻하는 정보야. informal은 '정중한'을 뜻하는 formal과 '반대'를 뜻하는 in이 합쳐져서 격식을 전혀 차리지 않는 허울 없는, 편안한을 뜻해.

 '완전히'를 뜻하는 per를 붙인 perform은 완벽한 형태가 아니라 완벽하게 무언가를 하기 위해 행동이 진행되는 것을 의미해. 그래서 무언가를 완성하려고 동작을 취하는 수행하다이고 연극이나 공연에서 행동이 진행되는 공연하다나 연기하다를 의미하지. 연기하다라는 뜻을 통해 performer는 연기자가 되었고 performance는 공연이나 연기를 의미하게 됐어. '넘어'를 뜻하는 trans를 붙인 transform은 자신이 지니고 있는 형태를 아주 다른 형태로 바꿔 버리는 변형시키다를 의미해. 동명의 영화 덕분에 유명해진 영단어 transformer는 자동차에서 로봇으로 형태를 바꾸는 변신 로봇을 뜻하기도 하지만 정확히는 '도란스'라 잘못 부르는 변압기를 뜻해. '하나'라는 뜻을 지닌 uni와 form이 합쳐진 uniform은 하나로 통일된 형태를 의미해서 학교의 규정에 따라 통일된 형태를 지니면서 입게 되는 교복이나 체육복을 말해.

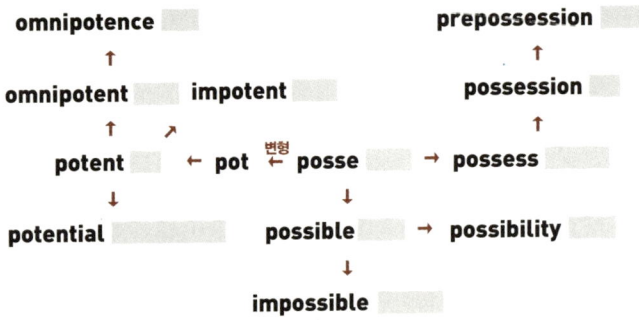

omnipotence 전능
↑
____potent 전능한   __potent 무력한   ____possession 선입관
↑ ↗   ↑
pot____ 강한 ← pot ←(변형) posse 패거리 → possess____ 소유
↓   ↓   ↑
potent____ 잠재적인; 잠재력 poss_____ 가능한 → posse____ 소유하다
                         ↓
                  __possible 불가능한

possib_____ 가능성

performance   performer   information
     ↑   ↗
      perform   inform   ↗
         ↖   ↑   informal
  transform   ← form   → formal   ↑
     ↓   ↓   ↘
  transformer   uniform   formula

---

perform▢▢▢▢ 공연, 연기   perform▢▢ 연기자   inform▢▢▢▢ 정보
    ↑   ↗
   ▢▢▢form 공연하다   ▢form 알리다   ↗
      ↖   ↑   inform▢▢ 편안한
  ▢▢▢▢form 변형시키다 ← ▢▢▢▢ 형태; 구성하다 → form▢▢ 형식적인
     ↓   ↓   ↘
  transform▢▢ 변압기   ▢▢▢form 교복   ▢▢▢▢▢▢▢ 공식

029 **force** 힘, 폭력; 강요하다

discomfort 불편 ← **comfort** 편안 → **comfortable** 편안한
dis-**kuhm**-fert   **kuhm**-fert   **kuhmf**-tuh-buhl

↑

effort 노력 ← **fort** 요새, 진지 ← **force** 힘; 강요하다 → **enforce** 집행하다
ef-ert   fawrt   fawrs   en-**fawrs**

↓   ↓

fortress 군사적인 요새   **reinforce** 강화하다
fawr-tris   ree-in-**fawrs**

뛰어난 운동선수나 험악한 사람을 보았을 때 흔히 '저 사람 포스 있다' 라고 말하는데 바로 영단어 force를 의미하는 거야. force의 정확한 뜻은 물리적인 힘이나 육체적 혹은 정신적으로 압력을 가하는 폭력이야. 동사로도 많이 쓰이는데, 물리적으로 압박을 상대방에게 가하는 강요하다라는 의미로 사용해. '안으로'를 뜻하는 en을 붙인 enforce는 법률을 통해 시행하는 집행하다는 뜻의 법률 용어야. enforce 앞에 '다시'를 뜻하는 re를 붙이면 겹치는 e가 i로 바뀌면서 reinforce가 되고 지니고 있는 힘에다가 더욱 힘을 키우게 하는 강화하다, 보강하다를 의미해.

force에서 변형된 fort는 '강한'이라는 뜻을 지니다가 명사로 쓰이게 되면서 단단하고 강한 장소를 의미하는 요새나 진지를 뜻하게 되었어. fortress도 fort에서 나왔는데 요새라는 뜻이기는 하지만 fort보다 더 크고 웅장한 군사적인 요새를 뜻하는 단어야.

fort 앞에 '밖으로'를 뜻하는 ex를 붙인 effort는 자신의 힘을 발산하여 무언가를 해나가는 노력이나 수고를 의미해. fort에 '함께'를 뜻하는 com을 붙인 comfort는 원래 자신의 힘을 사용하여 다른 사람들을 돕는 협조하다는 의미였지만 현재는 그러한 도움을 통해 다른 사람들이 편안함을 얻는 편안이나 안락이라는 뜻이 되었어. 그래서 comfort와 접미사 able이 만난 comfortable은 편안한, 안락한이고, 앞에 '부정'을 뜻하는 dis를 붙인 discomfort는 불편을 뜻하지.

030 **mercy** 자비

030
MP3

mercy 자비
mur-see

merciful 자비로운
mur-si-fuhl

mercury 머큐리
mur-kyuh-ree

merci

commerce 상업, 무역
kom-ers

mercenary 용병; 돈을 위한
mur-suh-ner-ee

e-commerce 전자상거래
ih-**kom**-ers

merchant 상인
mur-chuhnt

merchandise 물품, 상품
mur-chuhn-dahyz

자비라는 뜻을 지닌 영단어 mercy는 원래 창고를 뜻하는 프랑스어 merci에서 나온 단어야. 그래서 mercy가 처음 쓰일 때는 일한 사람에게 주는 창고의 '물건'이나 '임금'을 뜻했어. 여기서 파생된 mercenary는 돈을 받고 일하는 용병을 뜻하거나 형용사로서 오직 돈을 위해서 일하는 것을 표현하는 돈을 위한이라는 뜻으로 쓰이게 됐지. 그러나 나중에 mercy라는 단어는 일하지 않아도 불쌍한 사람에게 돈을 주거나 선을 행하는 자비라는 뜻으로 쓰이게 되었고 merciful은 남에게 풍족하게 선을 베푸는 자비로운이라는 뜻으로 쓰이게 되었지.

원어 merci 앞에 '함께'를 뜻하는 com을 붙인 commerce는 창고의 물건을 서로 함께 교환하는 상업, 무역이고, '전자의'를 뜻하는 electronic을 줄인 e가 붙은 e-commerce는 인터넷이라는 사이버 공간을 통해 물건을 사고파는 전자상거래를 뜻해.

merci에서 파생된 단어 중에 merchant는 고객에게 물건을 팔고자 대규모로 물건을 사는 상인이나 무역상을 뜻하고, merchandise는 상인이 구매한 물품이나 상품을 의미해.

그리스 신화에서 제우스(Zeus)의 아들인 헤르메스(Hermes)는 신들에게 메시지를 전달하는 전령의 신이기도 했지만 예술적으로도 뛰어난 예술의 신이기도 했고 상업에 뛰어난 상업의 신이기도 했어. 로마 신화에서는 헤르메스를 머큐리(Mercury)라고 부르는데 그 이유는 로마 신화에서 유일하게 머큐리만이 상업을 관리하는 신이기에 merci에서 파생된 Mercury를 쓰게 된 거야.

원어 merci가 창고라는 뜻을 지니고 있고 창고에서 나온 물건을 서로 주기도 하고 사고팔기도 해서 이러한 뜻이 나왔다는 것을 기억하면 많은 도움이 될 거야.

연습하기

빈칸에 적절한 뜻과 철자를 넣으세요.

discomfort [　] ← comfort [　] → comfortable [　]
                      ↑
effort [　] ← fort [　] ← force [　] → enforce [　]
                 ↓   ↓
            fortress [　]   reinforce [　]

[　][　]comfort 불편 ← [　][　]fort 편안 → comfort[　][　][　] 편안한
                      ↑
[　][　][　][　][　]노력 ← [　][　][　]fort 요새, 진지 ← [　][　][　][　]힘; 강요하다 → [　]force 집행하다
                      ↓   ↓
            fort[　][　][　] 군사적인 요새   [　][　][　]force 강화하다

mercury ▨   mercy ▨ → merciful ▨
       ↖   ↑
commerce ▨ ← merci → mercenary ▨
    ↓   ↓
e-commerce ▨   merchant ▨ → merchandise ▨

---

merc□□□ 머큐리   merc□ 자비 → merci□□□ 자비로운
         ↖   ↑
□□□merce 상업, 무역 ← merci → merc□□□□□ 용병; 돈을 위한
     ↓   ↓
□-commerce 전자상거래   merc□□□□ 상인   → merchan□□□□ 물품, 상품

031 **duct** 배관

MP3

producer 생산자
pruh-**doo**-ser

production 생산
pruh-**duhk**-shuhn

introduction 소개
in-truh-**duhk**-shuhn

↑

↑

↑

produce 생산하다
pruh-**doos**

product 생산품, 상품
prod-uhkt

introduce 소개하다
in-truh-**doos**

↑

↑

↑

reduce 축소하다
ri-**doos**

← **duce** 총통
doo-chey

← **duct** 배관
duhkt

→ **conduct** 지휘하다
kuhn-**duhkt**

↓

↓

↓

reduction 축소
ri-**duhk**-shuhn

abduct 유괴하다
ab-**duhkt**

conductor 지휘자
kuhn-**duhk**-ter

↓

abductor 유괴범
ab-**duhkt**-ter

duct는 물이나 가스 혹은 전기등이 흘러갈 수 있게 만든 배관을 말하는데 처음에는 무언가를 끌어당긴다는 '이끌다'를 의미했어. 그래서 duct에 접두사를 붙인 대부분의 영단어는 '이끌다'라는 의미를 지니고 있어.

'함께'를 뜻하는 con을 붙인 conduct는 많은 사람을 함께 이끈다는 데서 지휘하다, 안내하다는 뜻이고, conductor는 지휘자나 안내원을 뜻해. duct 앞에 '멀리'나 '떨어져'라는 뜻의 ab를 붙인 abduct는 '사람을 집 밖으로 멀리 끌고 간다' 하여 유괴하다를 뜻하고 abductor는 유괴범이야. '앞으로'를 뜻하는 pro를 붙인 product는 어떠한 것을 '앞으로 끌고 나오다'라고 해서 생산품이나 상품을 의미해. 백화점이나 슈퍼마켓에서 살 수 있는 상품들은 고객들이 볼 수 있게 앞으로 나와 전시되어 있는데 이렇게 사람들이 볼 수 있고, 살 수 있게 앞으로 전시된 데서 유래된 의미야. product와 ion이 만난 production은 앞으로 나오게 될 물건을 만드는 생산이나 제작이야. 음반이나 영상을 만드는 회사 이름 중에 '00 프로덕션'이 많지.

duct가 변형된 duce는 접두사를 붙이게 되면 duct가 뜻하는 '이끌다'라는 뜻으로 쓰이지만 단독으로 사용하면 많은 사람을 이끄는 가장 높은 사람을 뜻하는 수령이나 총통을 의미해.

그래서 접두사가 붙은 duct는 접두사의 의미와 '이끌다'라는 의미를 합쳐서 해석하면 돼. '뒤로'를 뜻하는 re를 붙인 reduce는 뒤로 이끌려 내려가는 줄이다, 축소하다이고 명사형 reduction은 축소, 감소야. pro를 붙인 produce는 물건을 앞으로 내놓을 수 있게 만들어내는 생산하다, 제작하다이고 producer는 만드는 사람을 의미하는 생산자나 제작자이지. '안에'를 뜻하는 intro를 붙인 introduce는 자신 안에 있는 것을 끌어내어 다른 사람에게 전하는 소개하다라는 뜻이고, introduction은 소개라는 뜻이지.

032 **protect** 보호하다, 지키다

detective 탐정
dih-**tek**-tiv

detection 발견
dih-**tek**-shuhn

detect 발견하다
dih-**tekt**

detector 탐지기
dih-**tek**-ter

architect 건축가
ahr-ki-tekt

tect

protect 보호하다
pruh-**tekt**

protection 보호
pruh-**tek**-shuhn

architecture 건축양식, 건축학
ahr-ki-tek-cher

protector 보호자
pruh-**tek**-ter

고대 로마시대에 쓰이던 라틴어는 현재는 거의 쓰이지 않는 언어이지만 라틴어에서 태어난 많은 단어가 영어로 넘어와 남게 되었어. '덮는다'와 '지붕'을 뜻하는 tect 또한 라틴어에서 넘어왔어. tect는 현대영어에서 더는 사용되지 않지만 tect에 접두사를 붙여서 만든 파생어를 많이 사용하고 있어.

'앞'을 뜻하는 pro를 붙인 protect는 쳐들어오는 적의 공격을 앞에서 덮는다는 의미로 보호하다, 지키다이고, 명사형 protection은 보호를 뜻하지. or을 붙인 protector는 적으로부터 보호하는 보호자라는 뜻과 함께 운동경기 중 부상을 방지하기 위해 착용하는 보호대를 의미해.

'반대'를 나타내는 de를 붙인 detect는 덮여 있어 알 수 없는 것을 반대로 열어버리는 발견하다를 뜻해. 그래서 명사인 detection이 발견을 뜻하고, detector는 무언가를 발견할 수 있게 도와주는 탐지기야. 형사물을 본 적 있다면 detective라는 단어를 들어봤을 거야. 발견하기 위해 조사하는 형사를 뜻하기도 하고 개인적으로 돈을 받고 일하는 탐정을 의미하기도 해. 그래서 '탐정소설'을 detective story라고 하며 '사립탐정'을 private detective라고 하지.

tect가 '지붕'을 의미하게 된 이유는 지붕이 집이나 건물 위를 흙이나 모래를 이용해 덮기 때문인데, 그러다가 점차 건물이나 집을 만드는 사람을 지칭하는 단어로 사용되었어. '최고'라는 뜻을 지닌 archi와 tect가 합쳐진 architect는 최고의 실력으로 건물을 만드는 건축가를 뜻해. 과거에는 건물을 만드는 사람을 최고의 예술가로 쳤는데 archi를 붙여 건축가라는 뜻으로 쓰게 된 거지. architecture는 건물의 스타일을 의미하는 건축양식뿐만 아니라 건축을 공부하는 건축학을 의미해.

연습하기

빈칸에 적절한 뜻과 철자를 넣으세요.

introduction ▨   **producer** ▨   **production** ▨
   ↑   ↑   ↑

introduce ▨   **produce**   **product** ▨
   ↖   ↑   ↑

reduce ▨   ← **duce** ▨   ← **duct** ▨ → **conduct** ▨
  ↓   ↓   ↓

reduction ▨   **abduct** ▨   **conductor** ▨
              ↓

              abductor ▨

---

produce☐ 생산자   **product**☐☐☐ 생산
☐☐☐☐☐**duction** 소개   ↑   ↑
   ↑   ☐☐☐**duce** 생산하다   ☐☐☐**duct** 생산품, 상품
☐☐☐☐☐**duce** 소개하다   ↑   ↑
  ↖
☐☐**duce** 축소하다 ← **duce** 총통   ← ☐☐☐☐☐ 배관 → ☐☐**duct** 지휘하다
   ↓   ↓   ↓

reduc☐☐☐☐ 축소   ☐**duct** 유괴하다   **conduct**☐☐ 지휘자
                 ↓

           abduct☐☐ 유괴범

detective   detection
↑   ↗
detect   → detector
↑
architect   ← tect → protect   → protection
↓   ↓
architecture   protector

---

detect☐☐☐ 탐정   detect☐☐☐ 발견
↑   ↗
☐☐tect 발견하다 → detect☐☐ 탐지기
↑
☐☐☐☐☐tect 건축가 ← tect → ☐☐☐tect 보호하다 → protect☐☐☐ 보호
↓   ↓
architect☐☐☐ 건축양식, 건축학   protect☐☐ 보호자

033 **current** 현재의, 지금의

occurrent 현재 일어나고 있는
uh-**kur**-uhnt

↑

concurrent 일치하는   **occur** 발생하다 → **occurrence** 발생
kuhn-**kur**-uhnt   uh-**kur**   uh-**kur**-uhns

↑   ↑

concur 동의하다 ← **cur** → **current** 현재의 → **currently** 현재
kuhn-**kur**   **kur**-uhnt   **kur**-uhnt-lee

↓   ↓

concurrence 동의   **currency** 통화
kuhn-**kur**-uhns   **kur**-uhn-see

MP3
033

지금은 쓰이지 않는 cur는 무언가가 앞을 향해 전진해 나아가는 '달리다, 진행되다'라는 의미였어. cur에 형용사로 만드는 접미사 ent가 붙어 현재의, 지금의라는 뜻의 current가 되었는데 현재라는 것은 멈추지 않은 시간 안에서 계속해서 진행되는 거야. ly를 붙인 부사 currently는 현재나 지금을 뜻하고 경제용어로 주로 쓰이는 currency는 통화를 뜻해. 한자로 통화(通貨)는 통할 '통'과 재물 '화'로, 현재 진행되고 있는 시간 속에서 사용이 가능한 돈을 의미해. 그래서 외국에서 사용되는 돈인 '외화'를 foreign currency라고 해.

cur 앞에 접두사를 붙여서 생겨난 단어를 보자.

cur 앞에 '맞서'를 뜻하는 ob를 붙인 occur는 발생하다, 일어나다를 뜻해. 무언가가 진행될 때 어떠한 것이 나타나 마주하는 것을 의미하기에 생긴 뜻인데 앞으로 진군하던 군인들이 반대편에 마주 선 적군 때문에 싸움이나 전투가 발생하는 상황을 생각해봐. occur를 명사로 만든 occurrence는 무언가가 나타나는 것을 뜻하는 발생, 사건이고, 형용사인 occurrent는 현재 일어나고 있는을 뜻해.

앞에 '함께'를 뜻하는 con을 붙인 concur는 원래 모든 사람이 같이 일을 진행한다는 뜻으로 쓰였던 단어지만 현재는 하나의 의견에 모두가 같은 뜻을 갖는 동의하다이지. occurrence와 똑같이 명사로 만드는 접미사 ence를 붙인 concurrence는 의견을 일치하는 동의를 뜻하고, 형용사로 만드는 ent를 붙인 concurrent는 일치하는을 뜻하는 단어야.

034 **navigation** 내비게이션, 항해

navigator 항해자
nav-i-gey-ter

navy 함대, 해군
ney-vee

↑

↑

navigate 항해하다
nav-i-geyt

← **nave** 회중석
neyv

→ **naval** 바다의, 해군의
ney-vuhl

↓

↓

navigation 내비게이션, 항해
nav-i-**gey**-shuhn

navel 배꼽
ney-vuhl

과거 독일에서는 사람이나 사물의 '중심'을 nave라고 불렀고 이탈리아에서는 바다 한가운데 떠 있는 '배'를 보고 nave라고 했어. 독일에서 건너와 영단어가 된 nave는 교회건물 중심에 있는 회중석이라는 뜻이 되었고 여기서 파생된 navel은 사람의 중심에 있다고 해서 배꼽을 뜻하게 된 거야.

이탈리아에서 건너와 영단어가 된 naval은 바다와 관련이 있다고 하여 바다의를 뜻하게 됐고 바다에서 복무하는 군인을 표현해서 해군의로도 사용되었어. navy에 영향을 받아 생긴 navy가 처음 쓰일 때는 여러 배를 한데 묶어서 부르던 단어였어. 그러나 지금은 한 배 안에 모든 것이 갖추어진 함대나 바다에서 근무하는 모든 군인인 해군을 의미하게 되었지.

운전할 때 사용하는 navigation은 가고자 하는 길을 화면과 음성을 통해 찾도록 도와주는 전자기계인 내비게이션이지. navigation에 대해 설명하기 전에 navigate는 nave에서 파생된 단어로 바다를 여행하는 것을 의미했는데 현재는 바다에만 한정된 것이 아니라 육지나 하늘도 여행할 수 있다는 의미로 항해하다를 의미해.

navigate의 명사형 navigation으로 돌아가서, 네비게이션은 위치를 알려주는 장치로 많이 쓰이지만 과거에는 배를 통해 바다로 나아가는 항해라는 뜻이었고 자신의 배가 바다의 어디 있는지를 파악할 수 있는 장비를 뜻하기도 했어. navigate 뒤에 or을 붙인 navigator는 비행기나 배를 조종하는 사람을 뜻하는 항해자를 말해.

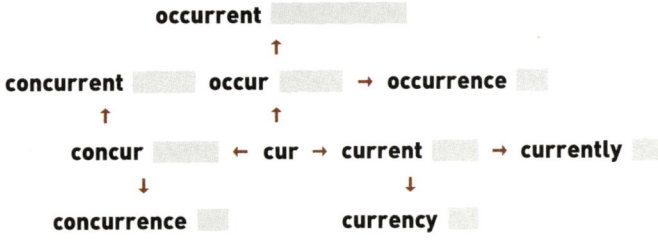

occur☐☐☐☐ 현재 일어나고 있는

↑

concur☐☐☐☐ 일치하는   ☐☐cur 발생하다 → occur☐☐☐☐☐ 발생

↑   ↑

☐☐☐cur 동의하다 ← cur → cur☐☐☐☐ 현재의 → current☐☐ 현재

↓   ↓

concur☐☐☐☐☐ 동의   curren☐☐ 통화

navigator   　　　　　　navy
↑　　　　　　　　　　　　　↑
navigate   　← nave   → naval
↓　　　　　　　　　↓
navigation   　navel

---

navigat ☐☐ 항해자　　　　　　nav ☐ 함대, 해군
↑　　　　　　　　　　　　　↑
☐☐☐☐☐☐☐ 항해하다 ← nave 회중석 → nav ☐☐ 바다의, 해군의
↓　　　　　　　　　↓
navigat ☐☐☐ 내비게이션, 항해　nav ☐☐ 배꼽

035 **store** 상점; 저장하다

restorer 복구전문가
ri-**stawr**-er

storage 창고
stawr-ij

↑ ↑

restaurant 레스토랑 ← **restore** 복구하다 ← **store** 상점; 저장하다
res-ter-uhnt   ri-**stawr**   stawr

↓ ↓

restoration 복구
res-tuh-**rey**-shuhn

book store 서점
book-stawr

↓

drug store 약국
druhg-stawr

인터넷으로 셀 수 없이 많은 것을 할 수 있는 요즘은 '스토어'라는 단어를 쉽게 볼 수 있어. store는 원래 앞으로 다가올 미래를 위해 쌓아놓는 '저장품'을 의미했지만 현재는 물건을 쌓아놓고 파는 백화점이나 큰 상점으로 많이 쓰이지. 한글에서도 가게 앞에 옷이라는 단어를 붙이면 옷가게라는 단어가 되는 것처럼 영단어 store도 그렇게 사용할 수 있어.

store 앞에 book을 붙인 book store는 책을 살 수 있는 서점이고 drug을 붙이면 약국을 말하는 drug store가 되지. 참고로 web store는 '웹스토어'로 인터넷을 통해 물건을 파는 곳을 말해. web은 '거미줄'이나 그물처럼 엉겨 있는 '망'이라는 뜻도 있지만 거미줄처럼 퍼져 있는 인터넷 세상의 망이라는 뜻도 있어. 인터넷 검색창에 주소를 입력할 때 제일 앞에 붙이는 WWW는 World Wide Web의 약자야.

 store는 동사로도 쓰이는데 앞에서 얘기했듯이 물건을 쌓아놓는 것을 의미하는 저장하다, 보관하다가 있고, store 뒤에 '기능'을 나타내는 접미사 age를 붙인 storage는 여러 가지 물건을 저장할 수 있는 창고야.

'다시'라는 뜻의 re를 붙인 restore는 예전의 것을 채워 넣어 다시 예전 상황으로 돌아오는 복구하다, 회복시키다라는 뜻이야. 그래서 restoration은 복구나 회복이라는 뜻으로 쓰이고 restorer는 각종 예술작품 등을 다시 복구시키는 복구전문가를 의미해. restore가 라틴어로 쓰이면서 restaur로 바뀌었다가 접미사 ant가 붙어 restaurant가 되었어. restaurant가 영어로 처음 쓰일 때는 형용사로 '회복되는'이라는 의미가 있었지만 현재는 전혀 사용하지 않는 의미이고, 회복하기 위해 음식을 얻게 되는 장소인 식당을 의미하는 레스토랑이 되었지.

036 **salt** 소금

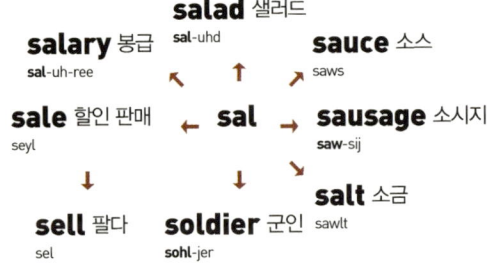

salad 샐러드
sal-uhd

salary 봉급
sal-uh-ree

sauce 소스
saws

sale 할인 판매
seyl

← **sal** →

sausage 소시지
saw-sij

↓

↓

↓

sell 팔다
sel

soldier 군인
sohl-jer

salt 소금
sawlt

소금은 역사적으로 사람이 살아가는 데 가장 중요한 것 중의 하나로 소금을 얻기 위해 전 세계는 오랫동안 전쟁을 치렀어. 소금은 음식의 맛을 내는 귀한 재료이기도 하지만 음식의 부패를 방지하기도 해서 냉장고가 없던 시절에는 꼭 필요했어. salt는 '소금'을 뜻하는 라틴어 sal에서 변형된 단어야. 그래서 sal로 시작되는 단어들은 소금과 관련된 의미를 지니고 있어.

먼저 salad는 신선한 야채와 찐 계란을 얇게 썰어 접시에 담은 후 소스를 뿌려 먹는 샐러드를 의미해. 과거에는 소스라는 것이 존재하지 않아서 접시에 담은 것을 소금을 뿌려 먹는다고 해서 salad가 되었지. 음식에 뿌리는 sauce는 라틴어 salsus에서 파생된 후 철자가 바뀌었어. sauce는 샐러드의 맛을 내기 위해 소금처럼 뿌려 먹는다고 해서 소스라는 의미가 되었고, 소시지를 뜻하는 sausage도 고기를 소금에 절여 만든 데서 생긴 단어야.

직장인들이 가장 반기는 날은 명절같이 큰 휴일도 있겠지만, 그보다 기쁜 날은 봉급을 받는 봉급날일 거야. 봉급을 salary라고 하는데 여기에도 소금이라는 뜻의 sal이 사용됐어. 과거 로마시대에는 소금이 아주 귀해서 소금을 얻기 위해서는 많은 돈이 필요했어. 돈이 없는 사람들은 소금을 사기 위해서 어쩔 수 없이 군인을 지원하게 되었고 그들이 받는 돈을 소금을 사기 위한 돈이라고 해서 salary라 부르기 시작한 거야. sale도 처음에는 소금을 판다는 데서 판매를 뜻했지만, 현재는 가격을 낮추어 파는 할인 판매로 쓰여. 여기서 파생된 단어가 sell이고 무언가를 팔다라는 의미야.

soldier에서 앞 부분의 sold는 salt가 중세 독일어로 쓰이면서 철자가 변형되어 쓰인 모습이고 ier은 사람이나 사물을 만드는 er과 같은 의미의 접미사로 소금을 얻기 위해 군대에 복무한 군인이라는 뜻이지.

연습하기

빈칸에 적절한 뜻과 철자를 넣으세요.

restorer   **storage**

↑   ↑

restaurant   ← **restore**   ← **store**

↓   ↓

restoration   **book store**

↓

drug store

---

restore☐ 복구전문가   **stor**☐☐☐ 창고

↑   ↑

restaurant 레스토랑   ← ☐☐**store** 복구하다   ← ☐☐☐☐☐☐ 상점; 저장하다

↓   ↓

restor☐☐☐☐ 복구   ☐☐☐☐**store** 서점

↓

☐☐☐☐**store** 약국

```
                salad
   salary          ↖   ↑   ↗  sauce
   sale        ←  sal  →  sausage
        ↓              ↓   ↘  salt
   sell        soldier
```

```
                sal☐☐  샐러드
sal☐☐☐ 봉급     ↖   ↑   ↗ sau☐☐ 소스
   sal☐ 할인 판매  ←  sal  →  sau☐☐☐☐ 소시지
        ↓              ↓   ↘  sal☐ 소금
☐☐☐☐ 팔다  sold☐☐☐ 군인
```

establishment 기관
ih-**stab**-lish-muhnt

⬆

establish 설립하다
ih-**stab**-lish

⬆

stable 안정된 ← **sta**
stey-buhl

⬇

stability 안정, 안정성
stuh-**bil**-i-tee

statue 조각상
stach-oo

⬆

status 신분
stey-tuhs

⬆

→ **state** 상태, 주; 진술하다 →
steyt

stationary 정지된
stey-shuh-ner-ee

⬆

station 역, 정거장
stey-shuhn

⬇

stationer 문방구점 주인
stey-shuh-ner

⬇

stationery 문구류
stey-shuh-ner-ee

프랑스어에서 파생된 sta는 '서다'를 뜻했는데 신체적으로 서 있는 것과 보이지 않는 생각이나 기준이 서 있는 것을 모두 의미했어.

여기서 파생된 state는 상태를 뜻하는데, 상태라는 것은 사물이 세워져 있는 모양을 뜻하기도 하지만 어떤 현상이 사람 마음 가운데 놓여있거나 세워져 있는 것을 말하기도 해. state는 사람들이 정치적으로나 행정적으로 더불어 잘 살 수 있게 세운 나라나 주를 의미하기도 해서 50개의 주가 하나로 되어 있는 미국을 the United States of America(U.S.A)라고 하는 거야. 동사 state는 알고 있는 전부를 바로 서서 말하는 진술하다를 뜻하지.

state에서 파생된 status는 직장에서 자신의 위치가 서 있다는 의미로 신분이나 지위를 뜻하고, status의 s를 e로 바꾼 statue는 사람이나 동물의 모양을 조각해 세워놓은 조각상이야. 뉴욕 항 리버티 섬에 있는 '자유의 여신상'이 the Statue of Liberty이지.

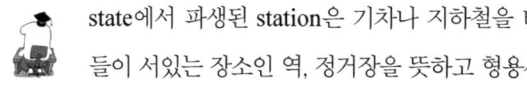 state에서 파생된 station은 기차나 지하철을 타기 위해서 이러한 열차들이 서있는 장소인 역, 정거장을 뜻하고 형용사형 stationary는 멈춰져서 있다고 하여 움직이지 않는, 정지된을 뜻해. station에 접미사 er을 붙인 stationer는 멈춰 있는 상점에서 물건을 파는 사람을 의미했는데, 지금은 문방구점 주인이라는 뜻을 가지게 된 것이 재미있지. stationery는 문구류이고 '문방구점'은 stationery store야.

sta에 '할 수 있는'을 뜻하는 able을 붙인 stable은 똑바로 서 있을 수 있음을 표현한 안정된이고 추상명사로 만든 stability는 안정이나 안정성을 뜻해. stable에서 파생된 establish는 단체나 법인 등을 세우는 설립하다, 확립하다이고 명사 establishment는 설립되어 세워진 기관이나 시설이야.

MP3

handstand 물구나무서기
hand-stand

withstand 견뎌 내다
with-**stand**

understand 이해하다
uhn-der-**stand**

stand 서다; 관중석
stand

standard 표준 단위
stan-derd

understanding 이해
uhn-der-**stan**-ding

misunderstand 오해하다
mis-uhn-der-**stand**

standardize 표준화하다
stan-der-dahyz

misunderstanding 오해
mis-uhn-der-**stan**-ding

앞에 나왔던 state와 이번에 배울 stand는 둘 다 프랑스어 sta에서 나온 한 형제와 같아서 stand도 서다, 서 있다는 의미가 있어.

책상에서 공부할 때 스탠드를 켠다고 하지? 사실 '스탠드'는 콩글리시야. 책상에 세워놓는다는 데서 그렇게 부르기 시작한 거지. 책상에서 사용하는 조그만 스탠드는 desk lamp이고 집안 전체를 비출 정도로 큰 스탠드는 lamp stand야. 운동 경기장의 관중석 또한 스탠드라고 하는데 그 이유는 선수들이 경기하는 경기장은 아래에 있고 관중이 볼 수 있는 관중석은 위에 세워져 있기 때문이야. stand에서 파생된 standard는 사람들이 정하여 세운 특정한 기준이나 하나의 지표로 세운 표준 단위이고 동사형 standardize는 표준화하다를 뜻해.

 손을 뜻하는 hand를 stand 앞에 붙이면 handstand가 되는데 손으로 몸을 세우는 물구나무서기를 말해. stand에 '반대로'를 뜻하는 with를 붙인 withstand는 반대되는 상황에 부딪혀도 굳건히 서 있는 견뎌 내다를 의미하지.

'아래'라는 뜻의 under를 붙인 understand는 육체적으로 몸을 움직이는 아래가 아닌 자신이 얻게 되는 지식이나 정보들을 머릿속에 내려놓아 깨닫게 되는 이해하다라고 해석하면 돼. ing를 붙인 명사형 understanding은 이해야. '잘못된'을 뜻하는 mis를 붙인 misunderstand는 잘못된 해석을 통해 뜻을 잘못 이해하는 오해하다이고 misunderstanding은 오해라는 의미로 사용되는 단어야.

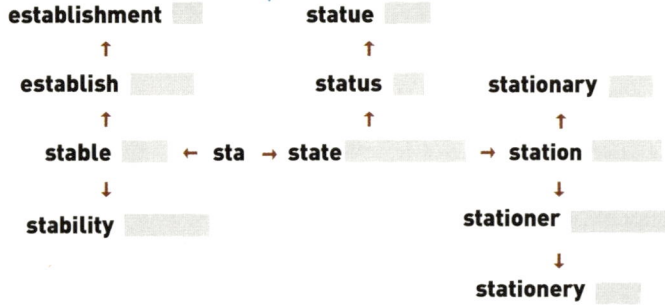

```
establishment ▢              statue ▢

      ↑                         ↑

establish ▢                 status ▢         stationary ▢

      ↑                         ↑                 ↑

stable ▢   ← sta →   state ▢         → station ▢

      ↓                                           ↓

stability ▢                                  stationer ▢

                                                  ↓

                                             stationery ▢
```

establish☐☐☐☐ 기관   statu☐ 조각상

        ↑   ↑

☐stablish 설립하다   ☐☐☐☐☐ 신분   station☐☐☐ 정지된

        ↑   ↑   ↑

sta☐☐☐ 안정된 ← sta ←sta☐☐ 상태,주; 진술하다 → stat☐☐☐ 역, 정거장

        ↓   ↓

stab☐☐☐☐☐ 안정, 안정성   station☐☐ 문방구점 주인

                                                  ↓

                                             stationer☐ 문구류

handstand   withstand

↖   ↑

understand   ←   stand   →   standard

↓   ↘

understanding   misunderstand   ↓

↓   standardize

misunderstanding

□□□□stand 물구나무서기   □□□□stand 견뎌 내다

↖   ↑

□□□□□stand 이해하다 ← □□□□□ 서다; 관중석 → stand□□□ 표준 단위

↓   ↘

understand□□□ 이해   □□understand 오해하다   ↓

↓   standard□□□ 표준화하다

misunderstand□□□ 오해

party animal 파티광
pahr-tee-**an**-uh-muhl

↑

animal 동물 → **pack animal** 짐을 나르는 짐승
an-uh-muhl   pak-**an**-uh-muhl

↑

anim → **animus** 증오 → **animosity** 적의
          an-uh-muhs   an-uh-**mos**-i-tee

↓

animate 움직이다 → **animator** 만화영화 제작자
an-uh-meyt   **an**-uh-mey-ter

↓   ↘

          inanimate 무생물의
          in-**an**-uh-mit

animation 만화영화
an-uh-**mey**-shuhn

anim은 살아 숨 쉬어 움직이는 것을 의미하는 단어야. 그래서 animal은 숨 쉬고 살아 움직이는 동물(動物)이라는 의미가 된 것이고 한자로도 움직이는 모든 생물을 뜻해. 사람도 동물에 포함된다고 말할 수는 있지만 현재 쓰이는 동물이라는 한자의 뜻과 영단어 animal은 사람을 제외한 동물을 표현하는 경우가 대부분이지.

party animal이라 하면 동물이 즐기는 파티를 생각할 수도 있지만 실제로는 파티에 빠져서 살아가는 사람을 의미하는 파티광이야. 짐 꾸러미를 뜻하는 pack이 사용된 pack animal은 짐을 나르는 짐승을 뜻하는데 과거에는 동물을 이용해서 짐을 옮겼기 때문에 생긴 표현이야. 추가로 '짐을 나르는 말'을 뜻하는 packhorse도 알아둬.

anim에서 파생된 동사인 animate는 무언가를 움직이게 한다고 해서 움직이다라는 뜻을 갖게 되었고 명사인 animation은 그림이나 사진이 동작마다 움직이는 만화영화를 뜻해. 그래서 만화영화를 그리거나 만드는 사람은 animator라고 해. 지금은 사용하고 있지 않지만 만화영화를 촬영하는 '영사기'는 animatograph라고 했고 요즘 쓰이는 '영사기'는 projector라고 불러. animate 앞에 '부정'을 나타내는 in을 붙인 inanimate는 형용사로 생활기능이 전혀 없는 것을 표현한 무생물이라는 의미야.

anim에서 파생된 animal이 눈에 보이는 움직이는 상태를 표현한다면 animus는 내면에 살아 있는 눈에 보이지 않는 감정이나 성격을 표현해. 그중에서도 특히 좋은 감정이 아니라 나쁜 감정이 내면에 살아 있어 상대방을 미워하고 원망한다는 의미로 쓰이지. 그래서 남을 미워하는 마음이 움직여 생긴 증오라는 뜻이고 여기서 파생된 animosity는 적의라는 뜻이야.

caffeine 카페인
ka-**feen**

⬆

cafe 카페 ⬅ **coffee** 커피 ➡ **coffeepot** 커피포트
ka-**fey**　　　**kaw**-fee　　　kaw-fee-pot

⬇　　　　　⬇

cafeteria 카페테리아　**coffeeholic** 커피 중독자
kaf-i-**teer**-ee-uh　　**kaw**-fee-**haw**-lik

커피나무에서 얻은 열매를 볶은 후 원두와 섞어 추출한 음료를 뜻하는 coffee는 한글로도 커피이지. 커피를 끓이기 위해 사용되는 커피포트를 coffeepot이라고 하는데 pot은 음식을 만들기 위해 쓰이는 '냄비'를 말하지만 물을 끓이기 위해 사용되는 '통'이나 '병'을 말하기도 해. coffee 뒤에 '중독자'를 뜻하는 holic을 붙인 coffeeholic은 커피 중독자를 뜻해.

'술'을 의미하는 alcohol에 '관련된'이란 뜻의 접미사 ic를 붙인 alcoholic은 형용사로 '술과 관련된, 음주에 의한'을 뜻했어. 명사로도 쓰이기 시작하면서 늘 술과 함께하며 술에 빠진 사람을 지칭하는 '알코올 중독자'라는 뜻을 지니게 되었는데 단어의 길이가 길다 보니 aholic으로 줄여 쓰기 시작했고 aholic은 술뿐만이 아닌 무엇이든지 중독된 사람을 지칭하게 되어 '일에 중독된 사람'은 workaholic이라고 말하기도 했지. 나중에는 맨 앞에 붙은 a 또한 빼버리고 holic으로 변화시켜서 '중독자'를 나타내게 되었어.

coffee가 프랑스로 가서 cafe로 사용되면서 커피를 파는 장소를 의미하게 되었어. 처음에는 coffee만을 팔았지만 나중에는 coffee뿐만이 아니라 음식도 먹으며 쉴 수 있는 장소가 되었어. cafe에서 파생되어 생긴 단어가 cafeteria로 자신이 먹을 음식을 직접 고르고 치우는 식당이야. 일반적인 미국 대학교 안에 있는 식당이나 큰 회사 안에 존재하는 식당을 카페테리아라고 말해. cafe에서 파생된 또 다른 단어 caffeine은 염기(鹽基) 및 원소명 어미인 ine가 합쳐서 생긴 단어로 커피나 차 열매에서 추출되는 염기인 카페인을 뜻하지. 다른 예로 coca나무에서 얻은 잎을 이용해 만든 음료가 콜라였고 그 나무에서 추출된 염기가 마취용이나 마약용으로 쓰이는 것을 코카인(cocaine)이라고 해. 코카 열매뿐만 아니라 콜라나무에 있는 잎에서도 카페인이 추출되기 때문에 카페인을 이용한 음료라고 하여 코카콜라(Coca-Cola)라는 이름이 된 거야.

콜라와 커피에는 카페인이 들어가 있기에 적당한 양을 섭취하면 정신을 각성시키고 피로를 어느 정도 줄일 수가 있어. 그래서 세계 여러 나라에서 피로회복을 위해 카페인이 함유된 여러 종류의 energy drink가 출시되고 있고 국내에서도 조금씩 시장이 커지고 있어. 그러나 카페인이 함유된 음료를 다량으로 자주 마시게 되면 카페인중독(caffeinism)이 되어 불면증(insomnia)이나 소화불량(indigestion) 등 다양한 질병의 원인이 되기도 하므로 먹는 양을 조절하는 것이 중요해. '불면증'을 뜻하는 insomnia는 '부정'이나 '반대'를 나타내는 접미사 in과 로마 신화에서 잠의 신을 의미하는 Somus가 합쳐져 생긴 단어로 밤에 잠잘 수 없는 증상을 뜻해.

연습하기

빈칸에 적절한 뜻과 철자를 넣으세요.

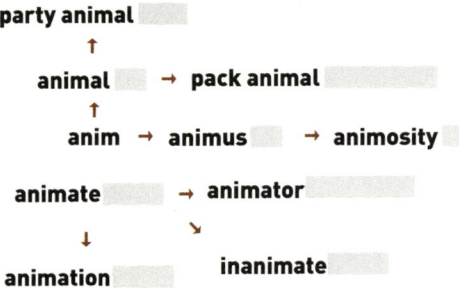

```
        party animal
              ↑
          animal    → pack animal
              ↑
            anim → animus    → animosity
        animate    → animator
          ↓         ↘
       animation        inanimate
```

```
      □□□□□animal 파티광
              ↑
      □□□□□□동물 → □□□□animal 짐을 나르는 짐승
              ↑
        anim → anim□□ 증오 → animosity 적의
          ↓
      anim□□□ 움직이다 → animat□□ 만화영화 제작자
          ↓              ↘
      animat□□□ 만화영화      □□animate 무생물의
```

```
              caffeine [  ]
                 ↑
        cafe [  ]  ←  coffee [  ]  →  coffeepot [      ]
          ↓                    ↓
cafeteria [      ]      coffeeholic [      ]
```

```
              ca□feine 카페인
                 ↑
    □□□□ 카페  ←  □□□□□□ 커피  →  coffee□□□ 커피포트
      ↓                    ↓
cafe□□□□□ 카페테리아   coffee□□□□□ 커피 중독자
```

133

041 **propeller** 프로펠러

041 MP3

expellee 추방된 사람
ek-spe-**lee**

expulsion 추방, 퇴학
ik-**spuhl**-shuhn

↖ ↗

expel 추방하다
ik-**spel**

impulse 충동
im-puhls

↑ ↑

compel 강요하다 ← **pel** → **pulse** 맥박, 진동
kuhm-**pel**   puhls

↓ ↓ ↓

compulsion 강요
kuhm-**puhl**-shuhn

propel 추진하다
pruh-**pel**

pulsate 진동하다
puhl-seyt

↓ ↘

propulsion 추진
pruh-**puhl**-shuhn

propeller 프로펠러
pruh-**pel**-er

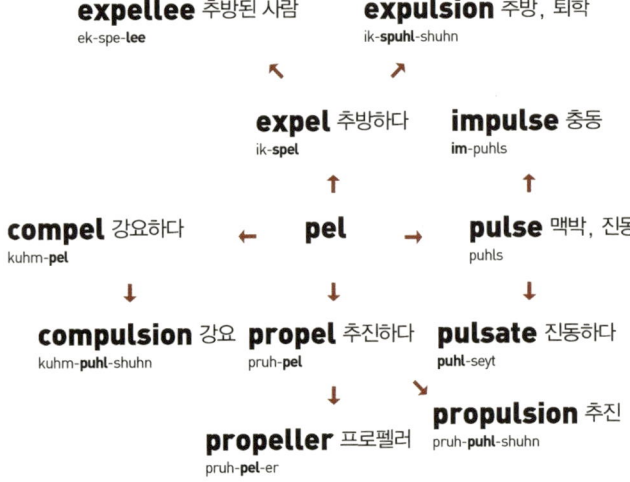

134

사진에서 보이는 헬리콥터에 달린 프로펠러를 propeller라고 하는데, 여기서 중심이 되는 핵심어인 pel에 대해 알려줄게. pel은 무언가를 다루어 움직이거나 힘을 이용해 무언가를 시키는 것을 의미했어. 지금은 사용하지 않지만 pel에 접두사를 붙여서 사용하고 있는 영단어가 몇 가지 있으니 살펴보자.

pel에서 나온 pulse는 심장을 뛰게 하여 피를 순환시켜 진동하는 맥박과 광선이나 음향 등을 움직이게 하는 진동을 뜻해. 그래서 이 단어를 동사로 만든 pulsate는 진동하다는 뜻으로 쓰이고 있고 앞에 '안에'를 뜻하는 im을 붙인 impulse는 인간의 내부에서부터 행동으로 움직이게 하는 충동이라는 뜻으로 쓰이지.

'앞에'를 뜻하는 pro를 붙인 propel은 목표를 향해 앞으로 나아가게 하는 추진하다이고 뒤에 접미사 er을 붙인 propeller는 앞으로 나가게 하는 장치인 프로펠러를 의미하지. propeller가 처음 쓰인 것은 배를 앞으로 추진하기 위해 모터에 달아서 사용한 것이었고 후에는 비행기나 헬리콥터에도 장착하여 하늘을 나는 데 사용하게 되었어. 이 책을 통해 동사 뒤에 ion을 붙이면 동작이나 상태를 의미하는 명사로 바뀌는 경우를 자주 봤을 거야. 그러나 여기서 배우는 propel을 명사로 만든 단어는 propelion이 아닌 propulsion이라고 해. 그 이유는 앞에서 배운 pulse 때문이 아니라 고전 라틴어에서는 propel을 propuls로 사용했기 때문이야. 그래서 뒤에 ion을 붙인 propulsion이 추진을 뜻하는 명사가 된 것이지.

'함께'를 뜻하는 com을 붙인 compel은 모든 것을 억지로 시키는 강요하다를 뜻해. 명사형 compulsion은 강요를 의미하지. '밖의'를 뜻하는 ex를 붙인 expel은 밖으로 쫓아내어 버리는 추방하다라는 뜻과 학생을 교실에서 쫓아버리는 퇴학시키다라는 뜻이 있어. 그래서 추방된 사람을 expellee라고 하고 expulsion은 추방, 퇴학이라는 뜻으로 쓰이는 것이지.

042 **way** 길, 방법, 태도

MP3

weight 무게
weyt

↑

railway 철도　　　**weigh** 무게를 달다
reyl-wey　　　　　　wey

↑　　　　　　　↑

away 떨어져 ← **way** 길, 방법, 태도 → **wey** 무게를 다는 단위
uh-**wey**　　　　　wey　　　　　　　　　wey

↙　　　　↓

always 언제나, 항상　　**subway** 지하철
awl-weyz　　　　　　suhb-wey

136

way가 처음 쓰일 때는 무게를 지닌 어떠한 것이 옮겨지는 것을 뜻했어. 그러다 무게를 지닌 사람이나 동물이 자신을 스스로 옮기며 가는 길이 라는 뜻이 되었지. way의 첫 번째 의미에서 wey가 나왔고, wey에서 weigh가 나왔어. wey는 지금은 거의 쓰이지 않지만 무게를 다는 단위를 뜻했어. 여기서 나온 weigh는 지니고 있는 무게를 옮겨서 다는 무게를 달다, 저울질 하다는 뜻이 지. 근육을 키우기 위한 운동이 '웨이트' 트레이닝이야. '웨이트'가 weigh에 t를 붙인 weight이고 원래는 무게나 체중을 뜻하는 단어이지만 무거운 무게를 지닌 역기를 뜻하기도 해. 참고로 weight와 '들어 올리는 사람'을 뜻하는 lifter가 만난 weight lifter가 '역도 선수'야.

way는 눈에 보여서 걸어가는 길이 아니라 보이지 않지만 도달하는 길 이라 하여 생긴 방법, 사람을 대할 때 자신만의 방법으로 대하는 태도를 뜻하기도 해.

way에서 나온 부사 away는 사람이나 동물이 길을 향해 가는 것을 표현하는 저 리로라는 뜻과 길을 지나 사람이 보이지 않는 먼 곳을 간다 하여 떨어져, 사라져 라는 의미로 쓰이고 있어.

all과 way가 합쳐진 alway가 과거에는 있었지만 더는 쓰이지 않는 대신 alway 뒤에 s를 붙인 부사 always가 생겼어. 쉽게 설명하면 존재하는 모든 길이기에 아 무 때나 지나갈 수 있음을 표현하는 단어라고 생각하면 돼. 그래서 언제나, 항상 을 의미하지. way는 길이라는 뜻이 있기에 접두사를 붙이면 사물을 움직이게 하 는 수단을 의미할 때가 잦아. 앞에 '철도의 레일'이나 '난간'을 뜻하는 rail을 붙인 railway는 철도, '아래'를 뜻하는 sub를 붙인 subway는 지하철을 뜻하지. 주의해 야 할 것은 영어의 본고장인 영국에서는 subway를 지하도로 사용해.

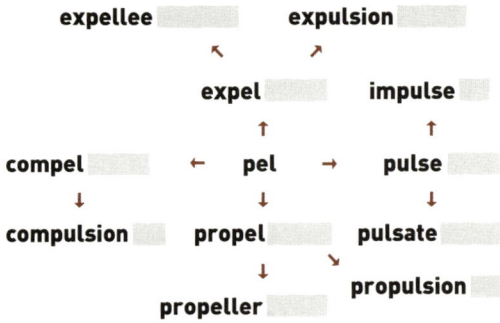

expellee   expulsion

    ↖   ↗

expel   impulse

↑   ↑

compel ← pel → pulse

↓   ↓   ↓

compulsion   propel   pulsate

↓   ↘

           propulsion

propeller

---

expel☐☐☐ 추방된 사람   expul☐☐☐☐ 추방, 퇴학

    ↖   ↗

☐☐pel 추방하다   ☐pulse 충동

↑   ↑

☐☐☐pel 강요하다 ← pel → ☐☐☐☐☐ 맥박, 진동

↓   ↓   ↓

compul☐☐☐☐ 강요   ☐☐pel 추진하다   puls☐☐☐ 진동하다

↓   ↘

           ☐☐pulsion 추진

propel☐☐☐ 프로펠러

```
                                              weight
                                                ↑
                      railway              weigh
                         ↑                    ↑
        away      ←   way      →   wey
    always        ↙      ↓
                      subway
```

```
                                        weigh☐ 무게
                                            ↑
              ☐☐☐☐way 철도          ☐☐☐☐☐ 무게를 달다
                   ↑                        ↑
        ☐way 떨어져  ←  ☐☐☐ 길, 방법, 태도  → w☐y 무게를 다는 단위
    ☐☐ways 언제나, 항상   ↙      ↓
                      ☐☐☐way 지하철
```

043 **name** 이름; 지명하다

first name 이름
furst-neym

nominator 지명자
nom-uh-ney-ter

nickname 별명
nik-neym

given name
giv-uhn-neym

↑

↖

↑

nominate 지명하다
nom-uh-neyt

← **nomin** 변형 **name** 이름; 지명하다
neym

↘

↓

surname
sur-neym

nomination 지명
nom-uh-**ney**-shuhn

nym

family name 성
fam-uh-lee-neym

last name
last-neym

↙

↓

↘

synonym 동의어
sin-uh-nim

antonym 반대어
an-tuh-nim

homonym 동음이의어
hom-uh-nim

name은 다른 것과 구별하기 위해 부르는 말인 이름이라는 뜻이 있어. 동사로는 이름을 정하여 부르는 지명하다와 이름을 지어 붙인 명명하다로 쓰이지.

'최고'라는 뜻의 sur를 붙인 surname은 뛰어난 업적이나 성과를 이름처럼 사용한 단어야. 과거 서양인들은 본인의 이름밖에 없었기에 어떠한 뛰어난 업적을 이루게 되면 이름 뒤에 붙여 사용했어. 업적을 붙이지 못하는 사람들은 이름 뒤에 태어난 장소를 붙이기도 했어. 그러다가 자신을 태어나게 한 가족의 이름을 붙이기 시작했지. 우리와는 정반대로 이름 뒤에 성이 오는 서양에서는 surname이 이름 뒤에 붙는 성을 뜻하게 되었어. 가족의 이름을 붙이기 때문에 family name이라고 쓰기도 했고, 이름 뒤에 붙인다고 해서 last name이기도 해.

이름은 간단하게 name이라고 해도 되는데, 앞에 나오기 때문에 first name이라고도 말해. 세례를 통해 주어진 이름이라는 데서 생긴 given name도 이름을 뜻해.

여권에서도 성은 surname, 이름은 given name으로 되어 있어. 별명을 뜻하는 nickname은 장난이 섞인 우스운 이름을 말해.

name은 여러 나라에서 쓰이면서 모양이 조금씩 바뀌었고 다양한 영단어를 파생시켰어. name이 nym으로 변형되면서 앞에 '비슷한'을 뜻하는 syno를 붙인 synonym은 모양은 다르나 의미가 같은 말인 동의어를 뜻해. 앞에서 이름은 구별하기 위해 부르는 말이라고 설명했는데 nym으로 변형된 name도 '말'을 뜻하고 동의어를 한자로 쓴 同義語도 '뜻이 같은 말'을 뜻해. '반대'를 뜻하는 anto를 붙인 antonym은 반대어를 뜻해. '같은'을 뜻하는 homo를 붙인 homonym은 단어의 생김새나 발음은 같지만 뜻이 다른 동음이의어를 의미하는 영단어야.

name이 nomin으로 변형되면서 생긴 nominate는 이름을 부르는 지명하다, 임명하다를 뜻하고, 시상식에서 자주 등장하는 단어로 상을 받은 것이 아니라 '상을 받을 수 있는 후보로 선택된 것'을 의미해. 명사형 nomination은 지명이나 추천을 뜻하고, nominator는 지명하는 사람을 의미하는 지명자나 추천자이지.

044 **super** 최고의, 극도의

MP3

supermarket 슈퍼마켓
soo-per-mahr-kit

superman 슈퍼맨
soo-per-man

super 최고의, 극도의
soo-per

sur

sir 경, 선생님
sur

sire 폐하
sahy-uhr

senate 상원
sen-it

senior 가장 높은 학년, 연장자
seen-yer

senator 상원의원
sen-uh-ter

최고의, 극도의, 초대형의를 뜻하는 super에서 나온 sur는 '최고의'를 뜻하던 단어야. super를 자세히 보면 앞은 su, 뒤는 r로 되어 있음을 알 수 있을 거야. 우선 super에서 나온 단어부터 보면, 물건을 사고파는 '시장'을 뜻하는 market과 합쳐진 supermarket은 많은 종류의 식품과 상품을 동시에 살 수 있는 초대형 시장인 슈퍼마켓이고 '사람'을 뜻하는 man을 붙인 superman은 초인적인 놀라운 힘을 발휘하는 사람을 뜻하는 슈퍼맨이야.

영어에는 존댓말은 없지만 격식을 갖추고 윗사람을 높여서 부르는 호칭은 있어. 앞에서 등장했던 sur에서 파생된 sir와 sire는 남성을 높여서 호칭할 때 사용하는 단어야. sir는 남을 높여 부르는 경이나 선생님을 뜻하고 sire는 과거에는 나라에서 가장 높은 사람이고 중요한 역할을 하는 왕을 높여 부르는 폐하로 쓰였지만 현재는 말에 씨앗을 뿌리는 중요한 역할을 하는 종마를 의미할 때 사용하고 있어.

여성을 높이는 호칭에는 부인을 뜻하는 ma'am을 사용하는데 이 말은 my(나의)와 dam(명예를 얻은 여성)이 합쳐진 madam을 줄여서 말하는 거야. 이탈리아에서는 madam이 Madonna로 변화되었는데 명예로운 여성을 뜻한다는 의미로 성모 마리아를 지칭했고, 후에는 성모 마리아 상까지 지칭하게 되었어. '최고'나 '최상'을 뜻하는 prime이 붙어서 생긴 prima donna는 오페라의 주역 여성가수를 뜻하는 프리마돈나를 뜻하는 단어야.

sir와 sire에서 나온 senior에는 다양한 의미가 있는데 가장 높은 위치에 있는 것을 뜻해서 고등학교나 대학교에서 가장 높은 학년이나 나이가 많은 연장자를 senior라고 말해.

senior에서 나온 senate는 senior를 줄인 sen에 접미사 ate를 붙인 단어야. 미국 의회는 상원(senate)과 하원(the House of Representatives)의 양원제로 구성되는데 상원의원은 senator이고 하원의원은 congressman(남성의원)과 congresswoman(여성의원)이야.

빈칸에 적절한 뜻과 철자를 넣으세요.

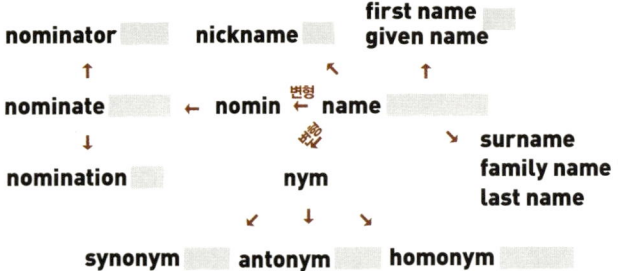

nominat☐☐ 지명자   ☐☐☐☐name 별명   ☐☐☐☐☐☐name 이름
                                          ☐☐☐☐☐name

↑   ↖   ↑

nomin☐☐☐ 지명하다 ← nomin ^{변형} ☐☐☐☐ 이름 ; 지명하다

↓   변형   ↘ ☐☐☐name
                                                    ☐☐☐☐☐☐name 성
nominat☐☐☐ 지명   nym   ☐☐☐☐name

☐☐☐☐nym 동의어 ↙   ↓   ↘ ☐☐☐☐nym 동음이의어

              ☐☐☐☐nym 반대어

supermarket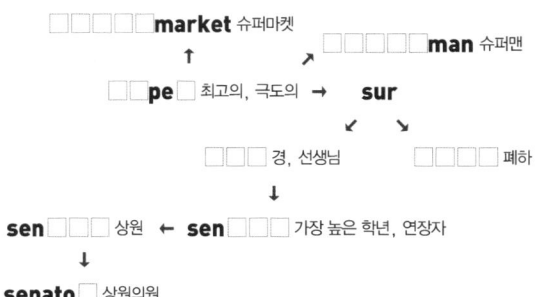
⬈ **superman**
↑
super → **sur**
↙ ↘
sir **sire**
↓
senate ← **senior**
↓
senator

☐☐☐☐☐**market** 슈퍼마켓
↑ ⬈ ☐☐☐☐☐**man** 슈퍼맨
☐☐**pe**☐ 최고의, 극도의 → **sur**
↙ ↘
☐☐☐ 경, 선생님　☐☐☐☐ 폐하
↓
sen☐☐☐ 상원 ← **sen**☐☐☐ 가장 높은 학년, 연장자
↓
senato☐ 상원의원

045 **collect** ~을 모으다

selection 선택
si-**lek**-shuhn

selector 선택자
si-**lek**-ter

collector 수집가
kuh-**lek**-ter

elector 선거인   **select** 선택하다
ih-**lek**-ter   si-**lekt**

collect ~을 모으다
kuh-**lekt**

collection 수집
kuh-**lek**-shuhn

elect 선거하다   **lect** →   **lecture** 강의; 강의하다
ih-**lekt**   **lek**-cher

lecturer 강사, 교수
lek-cher-er

election 선거   **dialect** 사투리
ih-**lek**-shuhn   **dahy**-uh-lekt

dialogue 대화
dahy-uh-lawg

lectureship 교수직
lek-cher-ship

라틴어 lect는 무언가를 수집하는 '모으다'와 모아놓은 것을 사람들에게 읽어주는 '읽다'로 쓰였어. 여기서 파생된 lecture가 처음 쓰일 때는 모아놓은 '자료'나 책을 읽는 '읽기'라는 뜻으로 사용했는데 현재 그 뜻은 쓰이지 않고 많은 사람 앞에서 읽는다는 의미로 명사로 강의나 강연, 동사로는 강의하다가 되었지. lecturer는 강의하는 강사나 교수를 뜻하고, lectureship은 교수의 위치를 뜻하는 교수직을 말해.

원어 lect에 접두사를 붙인 단어들은 원어의 뜻인 '모으다'에서 파생한 게 많아. '함께'를 뜻하는 col을 붙인 collect는 무언가를 전체적으로 모으는 행위인 ~을 모으다로 쓰이지. collect에 ion을 붙인 collection은 여러 가지 것을 한자리에 모아놓는 수집, or을 붙인 collector는 수집가야.

'따로'를 뜻하는 se를 붙인 select는 어떠한 것을 따로 골라서 모으는 선택하다는 뜻이야. 명사형 selection은 선택이고, or을 붙인 selector는 고르는 사람인 선택자이지. 행위 하는 사람을 뜻할 때는 앞의 단어처럼 뒤에 er이나 or을 붙이고 반대로 행위를 당하는 사람을 의미할 때는 뒤에 ee를 붙이면 돼.

lect 앞에 '밖에'를 뜻하는 e를 붙인 elect는 밖에 있는 사람을 자신의 선택에 맞게 고르는 선거하다는 뜻이야. ion을 붙인 election은 선거, or을 붙인 elector는 선거인이지.

'말하다'는 뜻의 원어 lect에서 파생된 dialect는 '사이에'라는 의미의 dia와 lect가 합쳐진 형태로 지방과 지방 사이의 말이라고 해서 사투리나 방언을 말해. 후에 프랑스로 넘어가면서 dialogue로 모습이 바뀌었는데 뒤에 붙은 logue가 '말'을 뜻하는 단어였기 때문이야. 다시 영어로 넘어온 dialogue는 사람과 사람 사이의 말이라고 해서 대화라는 뜻으로 쓰이고 있어.

046 **rival** 경쟁자; 경쟁하다

riverbed 강바닥
riv-er-bed

riverain 강가의, 강변의
riv-er-eyn

river 강
riv-er

arrive 도착하다
uh-**rahyv**

rive/rivere

derive 유래되다
dih-**rahyv**

arrival 도착
uh-**rahy**-vuhl

rival 경쟁자; 경쟁하다
rahy-vuhl

derivation 어원
der-uh-**vey**-shuhn

rivalry 경쟁
rahy-vuhl-ree

rivalrous 경쟁의
rahy-vuhl-ruhs

고대영어 rive는 '강둑'을 뜻했고 고대 프랑스어 rivere는 '냇가'를 뜻했어. 현대영어로 오면서 위의 두 단어가 합쳐진 rival이 물이 흐르는 강둑을 서로 차지하고자 마주하는 사람들을 의미하는 경쟁자, 경쟁하다를 뜻하게 되었지. 여기서 파생한 rivalry는 경쟁을 의미하고, 형용사로 쓰이는 rivalrous는 경쟁이라는 뜻이야.

영단어 river 뒤에 붙인 er은 앞에서 봐왔던 것처럼 사람이나 사물을 의미하는 것이 아니고 원어인 고대 프랑스어 rivere가 영어로 쓰이면서 붙은 철자야. river는 바다나 호수로 직접 흘러드는 큰 강이나 산 주위에서 쉽게 볼 수 있는 작은 강을 의미하게 되었어. river의 형용사형인 riverain은 강가의, 강변의라는 뜻이야. 눕는 곳을 의미해서 주로 '침대'를 나타내는 bed가 붙은 riverbed는 강물 아래에 눕혀 있는 것을 의미하기에 강바닥이라는 뜻이 되었지.

'방향'을 나타내는 접두사 ad와 강둑을 뜻하는 원어 rive가 합쳐진 arrive는 강둑에 배가 도달한다고 해서 생긴 단어야. 과거에는 비행기가 없었기 때문에 사람들이 오로지 배를 타고 강둑으로 온다 하여 도달하다, 도착하다는 뜻으로 쓰이게 되었고 arrive 뒤에 접미사 al을 붙인 명사형 arrival은 도착이나 도착한 사람을 뜻해.

영어권 국가에서 백화점에 가면 new arrival이라는 문구를 쉽게 볼 수 있는데 '새로 나온 상품'을 뜻하기도 하고 '새로운 상품이 전시되었음'을 의미하기도 해. 앞에 de를 붙인 derive는 강에서부터 사람의 삶이 시작되었다고 해서 유래되다, 파생되다는 뜻이고, 명사인 derivation은 단어의 근원적인 형태인 어원을 의미하는 단어야.

연습하기
빈칸에 적절한 뜻과 철자를 넣으세요.

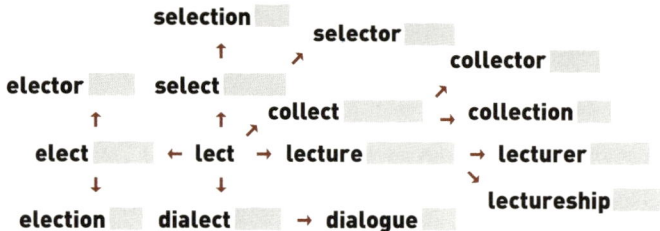

```
                    selection ▨
                         ↑        selector ▨
                                  ↗        collector ▨
    elector ▨        select ▨              ↗
        ↑               ↑   collect ▨  →  collection ▨
    elect ▨   ←  lect  →  lecture ▨     →  lecturer ▨
        ↓            ↓                       ↘
    election ▨   dialect ▨  →  dialogue ▨    lectureship ▨
```

```
                    select☐☐☐ 선택
                         ↑            select☐☐ 선택자
    elect☐☐ 선거인   ☐☐lect 선택하다      ↗          collect☐☐ 수집가
        ↑               ↑     ☐☐lect ~을 모으다 ↗  collect☐☐☐ 수집
    ☐lect 선거하다  ←  lect  →  lect☐☐☐ 강의; 강의하다  →  lecture☐ 강사, 교수
        ↓               ↓                              lecture☐☐☐☐ 교수직
    elect☐☐☐ 선거   ☐☐☐lect 사투리  →  dia☐☐☐☐☐ 대화
```

```
     riverbed              riverain
              ↖        ↗
                river
                  ↑
arrive    ←   rive/rivere   →   derive
  ↓              ↓              ↓
arrival        rival        derivation
          ↙            ↘
       rivalry       rivalrous
```

```
     river□□□ 강바닥        river□□□ 강가의, 강변의
              ↖        ↗
              □□□□□ 강
                  ↑
□□rive 도착하다  ←  rive/rivere  →  □□rive 유래되다
  ↓              ↓              ↓
arriv□□ 도착   riv□□ 경쟁자; 경쟁하다  derivation 어원
          ↙            ↘
     rival□□ 경쟁              rival□□□□ 경쟁의
```

fiesta 축제
fee-**es**-tuh

← **feast** 축제일
feest

→ **festoon** 꽃줄
fe-**stoon**

fest 파티
fest

festival 축제
fes-tuh-vuhl

→ **harvest festival** 추수감사절
hahr-vist-**fes**-tuh-vuhl

film festival 영화제
film-**fes**-tuh-vuhl

job festival 취직 설명회
job-**fes**-tuh-vuhl

feast는 원래 종교적인 기념일인 성탄절이나 부활절을 축하하는 축제일이나 축제기간을 뜻했던 영단어야 지금은 결혼 후에 치러지는 '피로연'을 a wedding feast라고 하고 일반적인 잔치를 의미해. feast에서 파생된 festoon은 종교적인 축제를 기념하기 위해 꽃으로 만든 꽃줄이야.

feast에서 나온 fest는 미국에서 많이 사용하는데 가볍게 술을 마시며 사람들끼리 모여 대화하는 조용한 파티이고 festival은 원래 사람들이 기쁨을 나누기 위해 잔치를 벌이는 축제였지만 지금은 매년 이루어지는 하나의 큰 행사를 뜻하지. 그래서 매년 열리는 영화제를 film festival, 기업들이 직장을 소개하기 위해 매년 여는 취직 설명회를 job festival이라 말해. 미국에서 가장 큰 축제 중 하나인 Thanksgiving Day는 가을에 무사히 곡식을 거두어들인다는 의미에서 하늘에 감사를 올리는 추수감사절이고 '추수'를 뜻하는 harvest를 붙인 harvest festival이라고 말하기도 해.

 영단어 feast가 스페인으로 넘어가면서 fiesta로 바뀌었는데 특히 라틴아메리카의 종교적인 축제를 의미하는 단어야. 과거 중앙아메리카와 남아메리카 대부분의 나라를 침략한 스페인과 중앙아메리카에 있는 브라질을 침략한 포르투갈은 원주민에게 자신들의 문화와 언어를 가르치면서 기존 언어를 말살시켰어. 원주민들은 점차 자신의 언어를 잊어버리게 되고 스페인어와 포르투갈어만을 사용하게 됐어.

=그래서 미국과 캐나다를 제외한 중남미인을 Latin American(라틴아메리칸)이라 하고, 브라질을 제외한 중남미인이 일상적인 대화에서 스페인어를 쓰기 때문에 Spanish American을 줄인 Spanish라고 말하기도 해.

앞에서 얘기한 fiesta는 처음에는 스페인의 종교적 축제를 의미했었지만 현재는 스페인 보다 훨씬 많은 인구를 차지하는 중남미인의 종교적 축제를 의미하고 있어.

048 **voice** 소리, 목소리

vocalization 발성
voh-kuh-luh-zey-shuhn

↑

vocalize 목소리를 내다
voh-kuh-lahyz

vocabulary 용어집
voh-**kab**-yuh-ler-ee

vocalist 보컬리스트
voh-kuh-list

↑

vocal 독창부분
voh-kuhl

vouel

vowel 모음
vou-uhl

revoke 폐지하다
ri-**vohk**

vocable 용어
voh-kuh-buhl

voke ← 변형 **voc** → **voice** 소리, 목소리
vois

provoke 도발하다
pruh-**vohk**

변형

↓

↓

invoke 호소하다
in-**vohk**

vocation 직업
voh-**key**-shuhn

프랑스어 voc는 사람이나 동물이 목을 통해 소리를 내는 '목소리'를 뜻했고 여기서 voice라는 영단어가 파생하면서 세상에 있는 모든 소리나 사람과 동물이 내는 목소리를 뜻하게 됐어. 그러다가 노래를 부르는 독창부분이나 노래를 부르는 사람을 가리켜서 vocal이나 vocalist라고 부르기 시작했어.

vocal에서 나온 단어를 보면 먼저 동사로 만드는 ize를 붙인 vocalize는 목소리를 내다이고 명사형 vocalization은 사람이 내는 소리인 발성을 뜻해. 또 vowel은 vocal이랑 많이 달라 보이지만 vocal이 고대 프랑스에서 사용될 때 vouel로 쓰였고 다시 영어로 쓰이면서 vowel이 됐지. vowel은 목소리의 a, e, i, o, u인 모음을 뜻해.

 vocabulary를 파생시킨 vocable은 사람들의 음성을 하나하나 글로 써 적은 단어, 용어를 말해. vocabulary는 사람의 말을 일일이 글로 적은 후 글자대로 정리한 용어집인데 '사전'을 뜻하는 dictionary와의 공통점은 둘 다 입에서 나온 말을 적은 후 하나로 모아 책으로 만든 것이고, 차이점은 사전에는 단어의 광범위한 뜻을 일일이 새겨놓았다는 점이지.

과거 서양에서는 동양과 마찬가지로 사람이 태어나면 직업이나 신분이 정해져 있다고 생각했어. 농부로 태어나면 평생 농사를 짓고 어부로 태어나면 평생 물고기를 잡아서 팔았지. 사람들은 신의 부름을 받고 자신에게 일을 준다고 믿었기에 vocation은 신의 부름을 받고 주어진 일인 직업을 뜻해.

voc이 발음 때문에 voke로 바뀐 후에 '앞으로'를 뜻하는 접두사 pro를 붙인 provoke가 나왔어. 앞을 향해서 말을 한다는 데서 유발하다, 도발하다를 뜻해.

'안에'를 뜻하는 in을 붙인 invoke는 자신 마음 안에 존재하고 있는 신에게 간절히 말한다는 의미의 호소하다, 빌다라는 뜻이고 '뒤로'를 뜻하는 re를 붙인 revoke는 말했던 것을 뒤로 무르는 취소하다, 폐지하다는 뜻이야.

연습하기

빈칸에 적절한 뜻과 철자를 넣으세요.

fiesta ☐ ← feast ☐ → festoon ☐

fest ☐   festival ☐ → harvest festival ☐

film festival ☐   job festival ☐

fiesta 축제 ← ☐☐☐☐☐ 축제일 → fest☐☐☐ 꽃줄

☐☐☐☐ 파티   fest☐☐☐☐☐ 축제 → ☐☐☐☐☐☐☐ festival 추수감사절

☐☐☐☐ festival 영화제   ☐☐☐ festival 취직 설명회

```
                              vocalization
                                   ↑
                              vocalize
       vocabulary                  ↑        ↗ vocalist
                  ↑                vocal
  revoke      vocable         ↖     ↑    변형↗  vouel → vowel
              ↖          변형       ↑
provoke    ←  voke      ←        voc    → voice
              ↓                   ↓
         invoke           vocation
```

```
                              vocaliz□□□□□ 발성
                                   ↑
                              vocal□□□ 목소리를 내다
  vocab□□□□□ 용어집                          vocal□□□ 보컬리스트
             ↑                     ↑      ↗
         voc□□□□ 용어    voc□□□ 독창부분     vouel → vo□el 모음
                      ↖            ↑   변형↗
□□voke 폐지하다   ←  voke    변형    voc   → □□□□□ 소리, 목소리
□□□voke 도발하다   ↙  ↓                ↓
       □□voke 호소하다  voc□□□□□ 직업
```

049 **care** 걱정, 주의, 돌봄

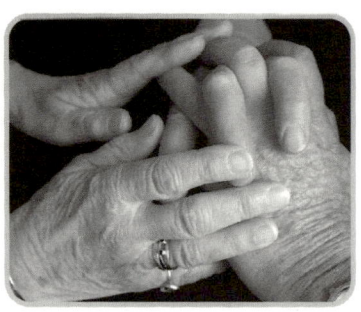

curator 큐레이터
kyoo-**rey**-ter

↑

curate 성직자
kyoor-it

↑

secure 안전한 ← **cure** 치료; 치료하다 ← **care** 걱정, 주의, 돌봄 → **careful** 주의 깊은
si-**kyoor**   kyoor   kair   kair-fuhl

↓   ↓

curious 호기심이 많은   **carefully** 주의 깊게
kyoor-ee-uhs   kair-fuh-lee

↓

curiosity 호기심
kyoor-ee-os-i-tee

사람에게 정신적인 고통이나 문제가 발생하면 자신의 행동을 조심히 하고 주변을 돌아보게 되지. care도 원래 정신적인 고통이나 슬픔을 의미했어. 그러나 현재는 어떠한 정신적 문제에 대한 걱정이나 매사에 행동을 조심히 하는 주의 그리고 자신이 아닌 다른 사람의 걱정과 고통을 돌아보는 돌봄을 의미해. take care는 걱정에서 나온 표현인데 누군가와 헤어질 때 작별인사로 '잘 지내라! 조심해서 지내라!'를 의미해. take care 뒤에 of를 붙인 take care of는 돌봄이라는 뜻에서 나온 숙어로 '~을 돌보다'이지. care의 형용사형은 careful로 주의 깊은, carefully는 부사로 주의 깊게야.

cure는 care에서 나온 단어로 여러 가지 뜻을 지니고 있지만 현재는 '돌봄'이라는 뜻에서 나온 다른 사람의 아픔이나 고통을 살피며 돌보는 치료, 치료하다를 뜻해. cure가 사람의 몸을 돌보고 고치는 치료를 의미하면 cure에서 파생된 curate는 사람이 지니고 있는 영혼을 돌보고 치료하는 성직자를 의미하지. curator는 박물관이나 미술관에서 관람객을 위하여 전시회를 개최하고, 작품을 관리하고 홍보하는 큐레이터를 의미하는데 작품에 대해 책임지고 돌봐야 하기에 생긴 뜻이지.

cure는 care에서 파생된 단어이기에 '걱정'의 의미를 담고 있었어. 그래서 cure와 '가득한'을 뜻하는 접미사 ous를 붙인 curious는 원래 걱정이 가득하여 주변을 돌아본다는 의미로 쓰였어. 그러나 현재는 무언가를 알기 위해 주변을 돌아보는 호기심이 많은, 궁금한으로 쓰이지. 이 단어에 명사로 만드는 접미사 ity를 붙인 curiosity는 호기심이야.

앞에 '없는'을 뜻하는 se를 붙인 secure는 원래 '걱정이 없는'을 뜻했는데 지금은 형용사로는 걱정이나 불안이 전혀 없는 안전한, 튼튼한이라는 뜻이고 동사로는 안전하게 보호하다를 뜻하는 단어야.

050 **music** 음악 작품

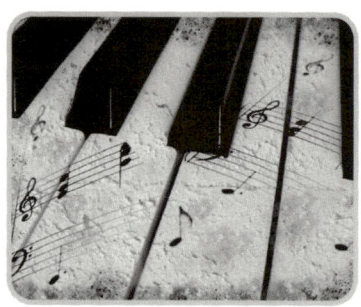

museum 박물관, 미술관
myoo-**zee**-uhm

musician 음악가
myoo-**zish**-uhn

amuse 즐겁게 하다
uh-**myooz**

Muse 학예의 여신
myooz

music 음악 작품
myoo-zik

amusement 재미, 오락
uh-**myooz**-muhnt

amusement park 놀이공원
uh-**myooz**-muhnt-pahrk

musical 뮤지컬
myoo-zi-kuhl

amusement arcade 오락실
uh-**myooz**-muhn-tahr-**keyd**

musicale 음악회, 연주회
myoo-zi-**kal**

Muse는 그리스 신화에 등장하는 음악이나 시 등 예술작품을 책임지는 학예의 여신 뮤즈를 말해. 여기서 영향을 받아 생긴 대표적인 영단어가 music과 museum이지.

먼저 music은 시와 음이 하나로 결합한 전체적인 음악 작품을 뜻하는 단어였어. 과거 서양에서는 음악을 하나의 큰 종합 예술로 평가했고 음악을 하는 사람들은 전문적인 교육을 받은 뛰어난 귀족의 자녀였지. 그러나 현대에서 음악은 소리를 통해 박자와 음색 등을 일정한 형태로 구성하는 예술작품을 뜻하고 있어. music에서 나온 musical은 음악과 함께 여러 가지 연극이나 쇼를 관객들에게 보여주는 뮤지컬이고 사교적인 모임에서 하는 가벼운 음악회나 연주회는 musicale라고 하지. musician은 곡만 연주하는 게 아니라 작곡과 지휘도 해서 전체적으로 음악을 책임지는 사람을 의미했지만 지금은 음악을 하는 사람이나 음악적 재능을 지닌 모든 사람을 음악가라고 해.

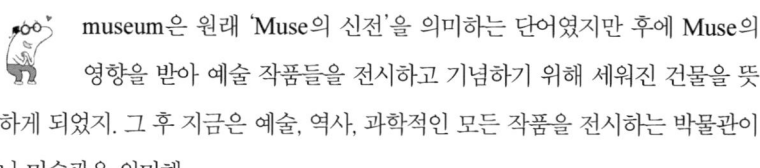 museum은 원래 'Muse의 신전'을 의미하는 단어였지만 후에 Muse의 영향을 받아 예술 작품들을 전시하고 기념하기 위해 세워진 건물을 뜻하게 되었지. 그 후 지금은 예술, 역사, 과학적인 모든 작품을 전시하는 박물관이나 미술관을 의미해.

음악이나 시 등 예술 작품이 존재하는 이유를 여러 가지로 들 수 있겠지만 그중 가장 중요한 것 중의 한 가지가 사람을 기쁘게 하는 거야. 그래서 muse에서 나온 amuse는 사람을 즐겁고 신나게 하기 위한 즐겁게 하다, 기쁘게 하다를 의미하고 명사형 amusement는 재미나 오락 등 놀이를 뜻해서 amusement arcade가 오락실이고 amusement park는 놀이공원이야.

연습하기

빈칸에 적절한 뜻과 철자를 넣으세요.

```
                    curator
                       ↑
                    curate
                       ↑
secure   ←   cure         ←   care         →   careful
           ↓                                      ↓
       curious                               carefully
           ↓
       curiosity
```

```
              curat☐☐ 큐레이터
                  ↑
           cur☐☐☐ 성직자
                  ↑
☐☐cure 안전한 ← ☐☐☐☐☐ 치료; 치료하다 ← c☐re 걱정, 주의, 돌봄 → care☐☐☐ 주의 깊은
           ↓                                              ↓
     cur☐☐☐☐ 호기심이 많은                        careful☐☐ 주의 깊게
           ↓
  curio☐☐☐ 호기심
```

162

                                museum   musician
                                   ↑   ↑
                amuse   ← Muse   → music
                    ↙
        amusement   → amusement park   musical
            ↓   ↓
    amusement arcade   musicale

---

                                muse 박물관, 미술관   music   음악가
                                   ↑   ↑
                    muse 즐겁게 하다 ←   학예의 여신 →   음악 작품
                        ↙   ↓
        amuse   재미, 오락 → amusement   놀이공원   music 뮤지컬
            ↓   ↓
    amusement arcade 오락실   musical 음악회, 연주회

051 **camp** 야외 숙소

campus 분교, 교정
kam-puhs

↑

champion 챔피언 ← **camp** 야외 숙소 → **camper** 야영자
cham-pee-uhn   kamp   **kam**-per

↓   ↓

championship 우승   **campaign** 캠페인
cham-pee-uhn-ship   kam-**peyn**

↓

champaign 평야
sham-**peyn**

영단어 camp와 지금은 사용하지 않는 단어 champ는 '들판'을 뜻하는 라틴어 campum에서 나온 단어야. 현대영어가 된 camp는 원래 군인들이 군사적 행동이나 훈련을 위해 들판에서 야영을 하는 야외 숙소를 뜻했지만 지금은 산이나 바닷가에서 텐트를 치며 생활하는 것도 camp라고 하지. camp에서 파생된 camper는 야외에 나와 야영하는 사람인 야영자이고, campus는 대학교 본교에서 떨어져 있는 분교나 대학교의 넓은 교정을 말해.

국회의원이나 대통령을 뽑는 선거철이 되면 후보들은 밖으로 나와 선거운동인 캠페인을 하고, 문화단체나 사회 여러 관계자들이 정치적, 사회적 목적으로 조직적인 캠페인을 벌이는 것을 본 적이 있을 거야. camp에서 파생된 영단어 campaign은 군인들이 들판에서 적과 싸워 승리하기 위한 군사적 전투나 행동을 뜻했어. 그 후 이 뜻이 사회적, 정치적으로 쓰이게 되어 승리를 위한 하나의 행동인 캠페인이 되었지. h를 붙인 champaign은 군인들이 훈련하는 평평한 땅인 평야나 평지를 의미하는 단어야. champaign과 발음이 똑같고 철자가 비슷해서 헷갈리기 쉬운 Champagne은 프랑스 동쪽지방 '샹파뉴'를 뜻하는 동시에 샹파뉴에서 생산되는 거품이 있는 '스파클링 와인'인 '샴페인'을 뜻하는 단어야.

더는 사용하지 않는 champ는 '벌판에서의 싸움'을 뜻하는 단어였고 이 단어에서 파생된 champion은 싸움이나 전투에서 승리한 사람을 뜻하는 우승자 챔피언이지. 현재 쓰이는 영단어 champ는 champion의 줄임말이고 champion 뒤에 ship을 붙인 championship은 챔피언의 자격을 뜻하는 우승을 의미하는 단어야.

052 **slow** 느린, 우둔한

052 MP3

sluggardly 게으른
sluhg-erd-lee

slothful 나태한
slawth-fuhl

sluggard 게으름뱅이
sluhg-erd

sloth 나태, 나무늘보
slawth

slowpoke 느림보
sloh-pohk

slug 민달팽이
sluhg

slow 느린, 우둔한
sloh

slow motion 느린 동작
sloh-moh-shuhn

slugger 강타자
sluhg-er

sluggish 부진한
sluhg-ish

slowly 느리게
sloh-lee

slowdown 둔화
sloh-doun

slow는 일반적으로 몸무게가 많이 나가 행동이 빠르지 못한 사람을 표현하는 느린, 생각이 짧고 이해가 더딘 사람을 표현할 때 쓰는 우둔한을 뜻해. 그래서 slow motion은 영화나 텔레비전에서의 느린 동작을 의미하고 slowdown은 속도나 활동이 더딘 둔화라는 뜻으로 쓰이지. slow 뒤에 ly를 붙인 부사 slowly는 느리게라는 뜻이고 뒤에 poke를 붙인 slowpoke는 특히 미국에서 쓰이는 말로 느림보를 의미해. slow에서 영향을 받아 생긴 sloth는 매사에 행동이나 성격이 느린 나태라는 뜻으로 쓰이기도 하지만 느리고 둔한 동물인 나무늘보라는 뜻도 있어. sloth 뒤에 '가득한'을 뜻하는 ful을 붙인 slothful은 형용사로 쓰이는 단어로 나태한이라는 뜻이지.

느리게 기어 다니는 달팽이를 영어로 snail이라고 하는데 등에 껍데기가 없는 민달팽이를 slow에서 파생된 slug라고 불러. slug는 동사로도 쓰이는데 뜻은 느리게 행동하는 게으름 피우다이지.

slug에 접미사 er을 붙인 slugger의 사전적인 뜻은 가장 힘이 센 타자인 강타자를 말하는데 야구에서 홈런이나 장타를 노리고 타석에 들어서는 힘이 좋고 몸집이 큰 뚱뚱한 선수를 슬러거라고 해.

slugger와 헷갈려 보이는 단어 sluggard는 매사에 아무것도 하지 않는 나태한 사람인 게으름뱅이를 뜻하는 단어인데 뒤에 ly를 붙인 sluggardly는 게으른이라는 의미의 형용사야. slug에서 파생된 sluggish는 나라의 경제가 성장하지 못하고 침체되어 있는 부진한이라는 의미로 주로 사용하지.

빈칸에 적절한 뜻과 철자를 넣으세요.

```
                            campus [    ]
                                ↑
     champion [    ]  ←  camp [    ]  →  camper [    ]
          ↓                     ↓
  championship [    ]     campaign
                                ↓
                           champaign [    ]
```

```
                        camp[  ][  ] 분교, 교정
                                ↑
[ ][ ][ ][ ][ ][ ][ ][ ] 챔피언 ← [ ][ ][ ][ ][ ] 야외 숙소 → camp[  ][  ] 야영자
          ↓                              ↓
champion[  ][  ][  ] 우승         camp[  ][  ][  ][  ] 캠페인
                                         ↓
                                c[  ]ampaign 평야
```

```
sluggardly        slothful
    ↑                 ↑
sluggard          sloth              slowpoke
    ↑                 ↑           ↗
  slug     ←    slow       →    slow motion
    ↓          ↘                ↘
  slugger        sluggish         slowly
                               ↘
                                 slowdown
```

```
sluggard☐☐ 게으른      sloth☐☐☐ 나태한
       ↑                    ↑
slug☐☐☐☐ 게으름뱅이   slo☐☐ 나태, 나무늘보
       ↑                    ↑              slow☐☐☐☐ 느림보
 ☐☐☐☐ 민달팽이  ←  ☐☐☐☐ 느린, 우둔한  →  slow ☐☐☐☐☐☐ 느린 동작
       ↓        ↘                      ↘
slug☐☐☐ 강타자   slug☐☐☐☐ 부진한    slow☐☐ 느리게
                                    ↘
                                     slow☐☐☐☐ 둔화
```

169

053 **price** 가격, 값

MP3

appraiser 감정인
uh-**prey**-zer
← **appraise** 평가하다
uh-**preyz**
→ **appraisal** 평가
uh-**prey**-zuhl

↑ 또앞

apprice

priceless 매우 귀중한
prahys-lis

precious 귀중한, 값비싼
presh-uhs

praise 칭찬, 찬양
preyz
← **price** 가격, 값
prahys
→ **prize** 상, 상품
prahyz

pricey 값비싼
prahy-see

pricer 값을 매기는 사람
prahy-ser

prizewinner 우승자
prahyz-win-er

가격이라는 것은 물건을 사기위해 평가하는 하나의 화폐단위야. 영단어 price는 원래 어떠한 물건에 가치를 알아보는 '평가'라는 뜻으로 쓰였던 단어이고 현재는 물건의 가치를 돈으로 매기는 가격이나 값으로 쓰이고 있어. price에서 나온 pricer는 물건을 돈으로 평가하는 사람인 값을 매기는 사람이고 pricey는 부사로서 비싼 제품을 표현하는 값비싼이야. price 뒤에 '없다'는 뜻의 접미사 less를 붙인 priceless는 값이 없는 것이 아니라 값으로 따질 수 없는 것을 표현한 형용사로 매우 귀중한이란 뜻으로 쓰고, price에 접미사 ous를 붙인 precious는 귀중한, 값비싼이란 의미이지.

경기나 대회가 열리면 심사위원들은 참여한 선수나 대표를 평가하여 상품이나 상금을 전달하는데 price가 가지고 있는 '평가'라는 뜻에서 파생한 prize는 사람을 평가하여 내리는 상이나 상품을 의미하는 단어이고 상을 받게 되는 우승자를 prizewinner라고 해.

일반적인 평가를 할 때는 price를 사용한다면 어떠한 것을 높게 평가할 때는 praise라는 단어를 사용해. 그래서 praise는 사람의 좋은 점이나 잘한 것을 높이 평가하는 칭찬이라는 뜻이 있고 신이나 우상을 높이는 찬양이라는 뜻도 지니고 있어. appraise는 praise에 접두사 ad를 붙인 것처럼 보일 수도 있을 거야. 하지만 실제로는 price 앞에 접두사 ad를 붙여서 생겨난 단어이고, 지금은 쓰이지 않는 apprice에서 파생되었어. 그래서 '평가'라는 의미에서 나온 값을 매기다, 평가하다라는 뜻이지. 이 단어를 명사로 만든 appraisal도 가격을 매기는 평가나 감정이고, appraiser는 자산에 값을 매기는 감정인이야.

054 **slipper** 슬리퍼

slope 경사지 → **aslope** 경사져; 경사진
slohp   uh-**slohp**

slippage 하락, 미끄러짐 ↖ ↑
slip-ij

slippery 미끄러운 ← **slip** 미끄러지다 → **slipper** 슬리퍼
slip-uh-ree   slip   **slip**-er

↓

glide 미끄러지다, 활공하다 ← **slide** 미끄러지다 → **mudslide** 이류
glahyd   slahyd   **muhd**-slahyd

↓ ↓ **landslide** 산사태
              land-slahyd

glider 글라이더   **slider** 슬라이더
glahy-der   slahy-der

서양인들은 예전부터 집에서도 신발을 신은 채 생활했어. 그게 불편하다보니 집에서는 편한 신발로 생활하고 싶어서 집 안에서만 신는 슬리퍼를 만들어냈어. slipper는 미끄러지다는 뜻을 지니고 있는 slip에서 파생됐는데 발이 미끄러지면서 들어가는 신발이기에 그런 이름이 붙은 거야. slippery는 형용사로 미끄러운이고, slippage는 기존에 잡았던 목표에서 점점 밑으로 미끄러지는 하락, 미끄러짐을 의미해.

slip에서 영향 받아 생긴 slope는 스키장에서 자주 볼 수 있는 밑으로 미끄러지는 경사지를 뜻하고 aslope는 부사의 뜻인 경사져와 형용사의 뜻인 기운, 경사진이라는 뜻이 있어.

slip에서 파생된 slide는 slip과 동일하게 미끄러지다라는 의미를 지니고 있어. 그래서 야구에서 주자가 살기위해 베이스를 향해 하는 '슬라이딩'은 slide의 현재진행형인 sliding이고 투수가 공을 던질 때 사용하는 변화구인 슬라이더는 slide에서 파생된 slider이지. slide 앞에 '땅'이라는 뜻을 지닌 land를 붙인 landslide는 땅이 미끄러지는 산사태이고, '진흙'을 뜻하는 mud를 붙인 mudslide는 산사태를 통해 진흙이 넘쳐흐르는 이류를 의미해.

slip에서 slide가 파생되어 나왔고 slide는 미끄러지다는 뜻을 지닌 또 다른 단어 glide를 파생했지. glide에는 미끄러지다 말고 다른 뜻이 있는데 그것은 기계의 힘을 빌리지 않고 높은 곳에서 미끄러져 내려오면서 하늘을 나는 활공하다이지. 그래서 er을 붙인 glider는 하늘을 날아 활공하는 모터 없는 비행기인 글라이더를 뜻해. 참고로 앞에 '매달리다'를 뜻하는 hang을 붙인 hang glider는 사람이 매달려 기류를 이용해 하늘을 날 수 있게 도와주는 기구인 '행글라이더'를 의미해.

연습하기

빈칸에 적절한 뜻과 철자를 넣으세요.

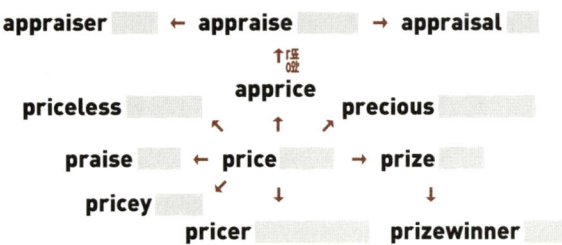

appraiser   ← appraise   → appraisal

↑똑같음
apprice

priceless   precious

praise   ← price   → prize

pricey

pricer   prizewinner

appraise☐ 감정인   ← appraise 평가하다   → apprais☐☐ 평가

↑똑같음
apprice

price☐☐☐☐ 매우 귀중한   pre☐☐☐☐☐☐ 귀중한, 값비싼

praise 칭찬, 찬양   ← ☐☐☐☐☐ 가격, 값   → pri☐ 상, 상품

price☐ 값비싼

price☐ 값을 매기는 사람   prize☐☐☐☐☐☐ 우승자

slippage   slope → aslope

slippery ← slip → slipper

glide   ← slide → mudslide

glider   slider   landslide

---

slip☐☐☐☐ 하락, 미끄러짐 sl☐☐☐ 경사지 → ☐slope 경사져; 경사진

slip☐☐☐☐ 미끄러운 ← ☐☐☐☐ 미끄러지다 → slip☐☐☐ 슬리퍼

☐lide 미끄러지다, 활공하다 ← s☐☐☐☐ 미끄러지다 → ☐☐☐slide 이류

glide☐ 글라이더 slide☐ 슬라이더 ☐☐☐☐slide 산사태

175

055 **one** 하나

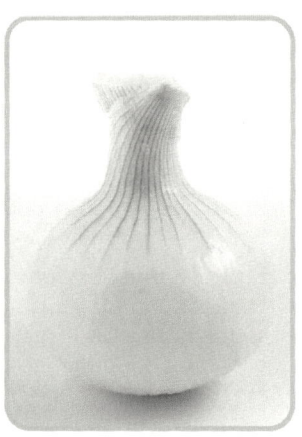

lonely 고독한 → **loneliness** 고독
lohn-lee   lohn-lee-nis

↑

lone 혼자의   **onion** 양파 → **pearl onion** 알이 작은 양파
lohn   uhn-yuhn   purl-**uhn**-yuhn

↑   ↑

alone 혼자의; 홀로 ← **one** 하나 → **only** 유일한; 오직
uh-**lohn**   wuhn   **ohn**-lee

↓   ↓

aloneness 혼자임 **oneness** 일체
uh-**lohn**-nis   **wuhn**-nis

하나를 뜻하는 영단어 one은 누구나 아는 쉬운 단어일 거야. one에서 파생한 단어들은 모두 '하나'라는 의미를 지니고 있어.

먼저 one에 ness를 붙인 oneness는 하나로 된 것을 의미하기도 하고 하나 밖에 없음을 의미하기도 하는 일체라는 뜻으로 쓰이는 단어야. 그리고 one 뒤에 ly를 붙인 only는 하나뿐인 것을 의미하는 형용사로 유일한을 뜻하고 부사로는 오직 이라는 뜻으로 쓰여.

one 뒤에 ion을 붙인 onion은 껍질을 아무리 벗겨도 계속해서 하나의 모양을 지니고 있는 양파를 의미하지. 양파를 의미하는 영단어에는 여러 가지가 있었어. 첫째로 바다에서 나는 진주처럼 생겼다하여 pearl이라 불렸는데 이 뜻이 현재까지 남아있어서 알이 작은 양파를 pearl onion이라고 불러. 둘째는 bulb인데 처음에는 양파라는 뜻으로 사용되었다가 지금은 양파와 비슷하게 생긴 '전구'를 뜻하고 있어.

 alone은 one 앞에 '모두'라는 뜻을 지닌 all이 붙어서 나온 단어야. 그래서 오직 하나 뿐인 자신이나 혼자 남은 것을 표현해서 형용사 뜻으로는 혼자의이고 부사 뜻으로는 홀로라는 뜻이 있어. 뒤에 추상명사로 만드는 ness를 붙인 aloneness는 혼자임을 뜻해. lone은 원래 alone을 쓰려고 했던 작가의 실수로 생겨나게 된 단어인데 이렇게 역사를 통해 단어의 앞 글자가 사라져 버리는 것을 두음소실(頭音消失)이라고 해. lone은 alone과 똑같이 혼자의라는 뜻을 지니고 있어, lone에서 파생된 lonely는 아무도 없는 것처럼 홀로 남겨진 상태를 표현한 형용사로 고독한을 의미하고, loneliness는 고독을 의미하는 명사야.

056

MP3

debase 저하시키다 → **debasement** 저하
dih-**beys**   dih-**beys**-muhnt

↑

basic 필수품, 기초 ← **base** 기초, 기본 → **basement** 지하층
bey-sik   beys   **beys**-muhnt

↓   ↘

bass 최저음
beys

basis 기초, 근거
bey-sis

모든 공부에서 가장 중요한 것은 기초가 튼튼해야 하는 것이지. 기초가 튼튼하면 많은 장점이 있겠지만 특히 아무리 어려운 과정에 들어선다고 해도 이겨낼 수 있는 힘이 있다는 거지. 아주 높고 큰 건물도 기초부터 제대로 쌓으면 튼튼하고 오랫동안 버틸 수가 있어. 영단어 base는 앞에서 얘기한 기초나 기본을 의미하는 단어야. 원래 뜻은 가장 낮은 곳인 밑 부분인데 여기서 나온 basement는 건물의 밑 부분인 지하층을 의미하지. 그래서 아파트나 높은 건물의 지하에서 쉽게 볼 수 있는 B1, B2 등의 표시는 basement를 줄인 단어야. base 앞에 '아래'를 뜻하는 de를 붙인 debase는 품질이나 가치의 기본을 아래로 떨어뜨리는 저하시키다라는 뜻이고 명사형 debasement는 저하를 의미하지.

base에 접미사 ic를 붙인 basic은 사람이 살아가는 데 가장 기본적으로 필요한 생활 용품인 필수품을 뜻하기도 하고 교육에 있어 가장 중요한 기반이 되는 기초나 기본원리를 의미해. 서점에 가면 처음 시작되는 많은 교재들에 basic이라고 씌여 있는 것을 쉽게 볼 수 있을 거야. 꼭 알아야 하는 가장 기초적인 부분을 소개하는 책이기 때문에 basic을 사용한 거야. base가 라틴어로 쓰이기 시작하면서 철자가 basis로 바뀌었어. basis는 basic과 똑같은 뜻을 가지고 있어서 기초를 뜻하는데 어떠한 문제의 기초가 되는 근거나 원리를 뜻하기도 해. base에서 나온 bass는 음악에서 가장 낮은 음인 최저음을 뜻해. 그래서 클래식 공연에서 가장 낮은 음을 연주하는 '저음 악기'도 bass라고 하고 기타 중에서도 가장 낮은 음을 치는 '베이스 기타'를 bass guitar라고 하는 거야.

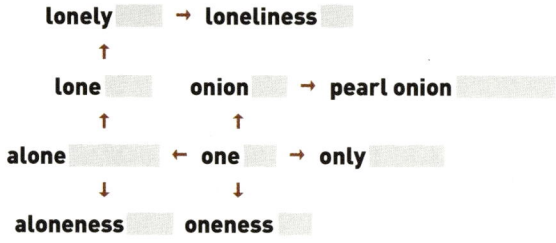

lonely ▢ → loneliness ▢
↑
lone ▢　onion ▢ → pearl onion ▢
↑　　　↑
alone ▢ ← one ▢ → only ▢
↓　　　↓
aloneness ▢　oneness ▢

---

lone▢▢ 고독한 → lone▢▢▢▢▢ 고독
↑
lone 혼자의　▢▢▢▢▢ 양파 → ▢▢▢▢▢ onion 알이 작은 양파
↑　　　↑
▢one 혼자의; 홀로 ← one 하나 → on▢▢ 유일한; 오직
↓　　　↓
alone▢▢▢▢ 혼자임　one▢▢▢▢ 일체

180

debase → debasement
↑
basic ← base → basement
↓ ↘
basis   bass

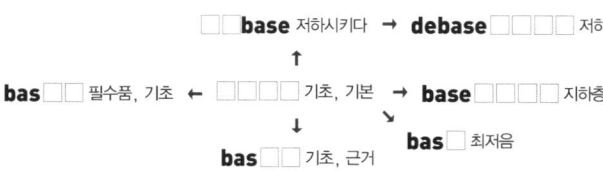

☐ **base** 저하시키다 → **debase** ☐☐☐ 저하
↑
bas☐☐ 필수품, 기초 ← ☐☐☐☐ 기초, 기본 → **base**☐☐☐ 지하층
↓ ↘
bas☐☐ 기초, 근거   **bas**☐ 최저음

057 **ride** 타다

057
MP3

abroad 해외로
uh-**brawd**

broadcaster 방송인
brawd-kas-ter

↑

↑

broad 광대한
brawd

→

broadcast 방송하다
brawd-kast

↑

roadrunner 로드러너
rohd-ruhn-er

raid 침입; 침입하다
reyd

←

road 길
rohd

←

ride 타다
rahyd

→

rider 라이더
rahy-der

↓

↓

↓

raider 침입자
rey-der

roadside 길가
rohd-sahyd

ridership 승객수
rahy-der-ship

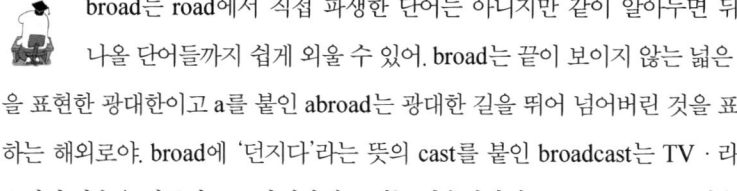

여행할 때 꼭 필요한 것은 먼 곳을 갈 수 있게 해주는 교통수단일 거야. 과거 서양에서는 동물을 교통수단으로 이용했어. 물론 많은 동물이 있었지만 그 중에서도 말이 가장 중요한 교통수단이어서 대부분 말을 타고 여행했다고 해. ride는 말을 타는 타다를 뜻하는데 지금은 말 뿐만이 아니라 자전거나 교통수단을 타는 것도 ride라고 말해.

rider는 과거에는 말을 타고 전쟁에 나가는 '기사'를 뜻했고 지금은 말이나 오토바이(motorcycle) 등을 타는 사람을 라이더라고 해. rider에서 파생된 ridership은 교통수단을 이용하는 사람의 숫자를 뜻하는 승객수라는 말이야.

ride에서 나온 road는 말을 타고 땅을 밟는 여행의 길이나 도로를 의미하고 뒤에 side를 붙인 roadside는 길의 가장자리를 뜻하는 길가야. roadrunner는 사막에서 서식하는 뻐꾸기류의 새로 비록 높이 날지는 못하지만 빠른 속도로 땅위를 달릴 수 있어. 동명의 만화영화 주인공으로도 유명한데 사막에서 코요테가 따라오면 늘 빠른 속도로 도망가는 새가 바로 로드러너야.

broad는 road에서 직접 파생한 단어는 아니지만 같이 알아두면 뒤에 나올 단어들까지 쉽게 외울 수 있어. broad는 끝이 보이지 않는 넓은 길을 표현한 광대한이고 a를 붙인 abroad는 광대한 길을 뛰어 넘어버린 것을 표현하는 해외로야. broad에 '던지다'라는 뜻의 cast를 붙인 broadcast는 TV·라디오에서 방송을 전국적으로 광대하게 보내는 방송하다이고 broadcaster는 방송을 진행하는 방송인을 말하는 단어야.

road에서 나온 raid는 말이나 배를 타고 자기 땅이 아닌 남의 땅을 밟는다는 의미를 가지고 있어. 명사로는 몰래 잠입하여 갑작스럽게 공격하는 습격, 침입이라는 뜻이고 동사로는 습격하다, 침입하다라는 뜻이 있어. er을 붙인 raider는 몰래 잠입한 침입자를 말해.

058 **plan** 계획

plain 평평한, 명백한
pleyn

⬅ **plane** 면, 비행기
pleyn

⬅ **plant** 식물
plant

➡ **plan** 계획
plan

⬇

transplant 이식하다
trans-**plant**

⬇

⬇

explain 설명하다
ik-**spleyn**

implant 주입하다
im-**plant**

planner 계획자
plan-er

⬇

⬇

explanation 설명
ek-spluh-**ney**-shuhn

transplantation 이식
trans-plan-**tey**-shuhn

implantation 주입
im-plan-**tey**-shuhn

식물을 뜻하는 plant는 농부가 평평한 땅에 씨를 심어 미래에 성취할 곡식을 기대하는 것을 의미했고, 나중에는 평평한 하얀 종이에 미래에 성취할 수 있는 일들을 그림이나 글씨로 기록한 것을 의미하는 plan이 파생했어. 그래서 plan은 계획이라는 뜻으로 쓰이게 되었고 planner는 미래에 대한 계획을 하는 계획자를 뜻하고 있어.

plant는 현재 평평한 땅에 씨앗을 놓는다는 의미로 동사로는 심다, 명사로는 심어서 자라게 되는 식물을 뜻해. plant와 '안에'를 뜻하는 접두사 im을 붙인 implant는 치아가 약해져 인공치아를 잇몸에 심는 임플란트를 의미하지만 사전적인 뜻은 심다와 주입하다야. 명사형 implantation은 주입이야. 앞에 '가로질러'라는 뜻의 trans를 붙인 transplant는 옮겨서 심는 이식하다이고 명사형 transplantation은 이식이지.

하늘을 나는 비행기는 airplane이고 줄여서 plane이라고 해. plane은 원래 농부가 농사를 짓는 평평한 땅을 의미했지만 후에 평평한 면이란 뜻을 가지게 되었고 나중에는 평평한 날개를 지니고 있는 물체가 하늘을 난다는 의미로 비행기를 의미하게 되었다고 해.

 plane에서 나온 plain은 땅이나 바닥이 평면임을 표현하는 평평한이라는 뜻이지만 명백한, 분명한을 뜻하기도 하는데 그 이유는 땅에 굴곡이 없을 때 평평하다고 하는 것처럼 자신의 생각을 말함에 있어 아무 거리낌 없이 정확하게 말하는 것을 의미하기 때문이야. plain 앞에 '밖에'를 뜻하는 ex를 붙인 explain은 자신이 아닌 다른 사람들이 알 수 있게 명확하게 표현하는 설명하다, 해명하다이고 명사형 explanation은 설명, 해명을 뜻해.

연습하기

빈칸에 적절한 뜻과 철자를 넣으세요.

abroad   **broadcaster**
↑   ↑
roadrunner   **broad** → **broadcast**
↖   ↑
raid   ← **road** ← **ride** → **rider**
↓   ↓   ↓
raider   **roadside**   **ridership**

☐**broad** 해외로   **broadcast**☐☐ 방송인
↑   ↑
roadrunner 로드러너   ☐**road** 광대한 → **broad**☐☐☐ 방송하다
↖   ↑
r☐☐☐ 침입; 침입하다 ← **r**☐☐☐ 길 ← ☐☐☐☐ 타다 → **ride**☐ 라이더
↓   ↓   ↓
raid☐☐ 침입자   **road**☐☐☐☐ 길가   **rider**☐☐☐☐ 승객수

plain   ← plane   ← plant   → plan
   ↓   transplant   ↙ ↓   ↓
explain   ↓   implant   planner
   ↓   transplantation   ↓
explanation   implantation

---

pla▢▢ 평평한, 명백한 ← plan▢ 면, 비행기 ← ▢▢▢▢▢ 식물 → ▢▢▢▢ 계획
  ↓   ▢▢▢▢▢plant 이식하다 ↙ ↓   ↓
▢▢plain 설명하다   ↓   ▢▢plant 주입하다 plan▢▢▢ 계획자
  ↓   transplant▢▢▢▢ 이식   ↓
expla▢▢▢▢▢▢ 설명   implant▢▢▢▢▢ 주입

059 **fate** 운명

profession 전문직 → **professional** 전문적인
pruh-**fesh**-uhn   pruh-**fesh**-uh-nl

↑

profess 주장하다 → **professor** 대학교수
pruh-**fes**   pruh-**fes**-er

↑

fess 변형 **fary** → **fatum** 말을 듣다 → **fate** 운명
             feyt

↓   ↓

confess 자백하다 **fay/fairy** 요정
kuhn-**fes**   fey   **fair**-ee

↓   ↓

confession 자백 **fable** 우화 → **fabulous** 아주 멋진
kuhn-**fesh**-uhn   **fey**-buhl   **fab**-yuh-luhs

옛날에는 사람들의 이야기를 통해서 소식과 정보를 주고받았어. 부모들은 전해 내려오는 이야기를 아이들에게 전하고, 부모의 이야기를 듣고 자라난 아이들이 그 이야기를 후손에게 다시 전했지. 이렇게 전해진 말이나 얘기들은 실제 이야기일 경우도 있지만 허구도 많았지.

라틴어 fary는 '말을 하다'라는 뜻이었는데 여기서 나온 fay와 fairy는 같은 뜻으로 사람의 말을 통해 생긴 이야기 속에 존재하는 요정을 뜻해.

라틴어 fary의 분사형인 fatum은 '말을 듣다'를 뜻했는데 현대영어로 와서 fate가 되었고 사람의 말을 통해 전해진 인간의 삶은 신에 의해 이미 정해져 있다는 운명을 뜻하게 됐지.

fay에서 나온 fable은 실제가 아니라 사물을 통해 풍자적으로 교훈을 주는 이야기인 우화를 뜻해. 고대 그리스인 이솝이 사람들에게 말한 우화를 정리해서 출간한 *Aesop's Fables*(이솝우화)는 전 세계에서 가장 유명한 책 중에 하나일 거야.

영어권 사람들은 아주 멋진 장면을 보거나 놀라움을 표현할 때 fabulous라고 하는데 이는 fable과 접미사 ous가 합쳐져서 실제로 말이 안 되는 불가능한 일이 일어난 것을 표현하는 믿어지지 않는, 아주 멋진이라는 뜻이 있지.

원어 fary가 fess로 모양이 바뀌면서 접두사를 붙여서 영단어를 파생했어. '모두'를 뜻하는 접두사 con을 붙인 confess는 자신의 비밀이나 사적인 모든 것을 말하는 자백하다, 고백하다이고, 명사형 confession은 자백, 고백을 뜻해. '앞으로'를 뜻하는 접두사 pro를 붙인 profess는 자신의 의견이나 사상을 앞서 얘기하는 주장하다, 공언하다이고, or을 붙인 professor는 대학교에서 학생들 앞에 서서 가르치는 대학교수를 말해. profess에서 파생된 profession은 앞에서 얘기한 대학교수처럼 전문적인 직업을 총칭하는 전문직이고, professional은 형용사로 전문적인, 전문가의를 뜻해.

wizardry 마법
wiz-er-dree

wicked 사악한
wik-id

↑

↑

wizard 마법사 ← **wise** 현명한 ← **wit** 재치 → **witch** 마녀
wiz-erd   wahyz   wit   wich

↓

↓

↓

↓

wizardly 마법사의   **wisdom** 지혜 **witness** 목격자 **witchy** 마녀의
wiz-erd-lee   wiz-duhm   wit-nis   wich-ee

↓

witchery 마력
wich-uh-ree

고대영어 wit는 '지식'을 뜻했는데 현대영어로 넘어오면서 이미 머릿속에 알고 있는 지식을 순간순간 재미있게 말이나 행동으로 표현하는 재치라는 의미가 됐어. wit에서 나온 witness는 대체로 목격자나 증인을 의미하는데 자신이 경험했거나 체험했던 지식을 사람들 앞에서 고백하기 때문이야. 눈으로 본 목격자를 eye witness라고 했지만 지금은 witness도 같은 뜻으로 쓰여. wit의 형용사형 wise는 지식을 지니고 있어서 어떠한 것이든 정확하고 슬기롭게 판단하는 현명한이고 wise의 명사형 wisdom은 지식이나 경험이 풍부하여 세상의 이치나 도리에 밝은 지혜를 뜻해.

wise는 중기영어 때 발음상 wiz가 되고 접미사 ard를 붙인 wizard는 지식이 뛰어난 사람인 '현인'이나 '철학자'를 의미했지만 현대영어로 와서 다른 사람들이 알 수도 할 수도 없는 놀라운 지식이나 능력을 발휘하는 사람인 마법사를 뜻하게 되었어. 유명한 소설인 오즈의 마법사는 영어로 *The Wizard of Oz*라는 것도 알아두면 좋을 거야. wizard에서 파생된 단어 중 wizardly는 형용사로 마법사의라는 뜻이고 wizardry는 마법사가 사용하는 마법이야.

원어 wit가 변형되면서 생겨난 witch는 여자 마법사인 마녀야. 뒤에 y를 붙이기만 해도 witchy라는 마녀라는 뜻을 가진 형용사가 되고 witch 뒤에 ery를 붙인 witchery는 마녀가 부리는 마법인 마력이 되지. wise가 발음이 비슷한 wiz로 변화한 것처럼 witch도 과거에는 wiked였는데 현대영어로 오면서 wicked가 되었고 마녀의 못된 성격이나 추악한 행동을 표현하는 사악한이라는 뜻으로 쓰이고 있지.

초가 작아지니 왠지 나까지 힘이 빠지네~

I'm Weak

I'm Sick

영단어 wick은 wicked와는 전혀 다른 뜻으로 '양초의 심지'를 의미해. 촛불이 타면 탈수록 점점 불이 약해지듯 wick과 비슷한 weak도 힘이 점점 빠져 생긴 '약한'이고, sick도 병이나 고통에 의해 몸이 점점 약해져 괴로운 '아픈'을 의미해. 빛을 밝히는 전등이 발명되기 전에 어두운 곳을 환하게 만드는 것은 불을 붙여 사용하는 양초였어. 양초는 심지 주위를 밀랍을 둘러서 만든 것으로 심지에 불을 붙이면 자동적으로 밀랍이 녹아 오랫동안 촛불을 유지할 수 있게 만들지. '양초'는 영어로 candle인데 여기에 '빛'을 의미하는 light를 붙이면 '촛불'을 의미하는 candlelight가 되지. 심지를 감싸는 '밀랍'은 wax라 하는데 wax는 마룻바닥이나 자동차를 윤기나게 하는 '왁스'도 의미하고 머리카락을 윤기 있게 하는 '헤어왁스'도 의미해.

연습하기

빈칸에 적절한 뜻과 철자를 넣으세요.

profession ___ → professional ___
↑
profess ___ → professor ___
↑
fess ⟵변형 fary → fatum ___ → fate ___
↓   ↓
confess ___ fay/fairy ___
↓   ↓
confession ___ fable ___ → fabulous ___

---

profess□□□ 전문직 → profession□□ 전문적인
↑
□□□fess 주장하다 → profess□□ 대학교수
↑
fess ⟵변형 fary → fatum 말을 듣다 → □□□□ 운명
↓   ↓
□□□fess 자백하다 fay/fairy 요정
↓   ↓
confess□□□ 자백 □□□□□□ 우화 → fabulous 아주 멋진

194

```
      wizardry                            wicked
          ↑                                  ↑
      wizard    ←  wise    ←  wit    →   witch
          ↓            ↓         ↓            ↓
     wizardly      wisdom    witness      witchy
                                             ↓
                                          witchery
```

```
    wizard□□ 마법                          wi□□□□ 사악한
        ↑                                      ↑
  wi□□□□ 마법사  ←  wi□□ 현명한  ←  □□□ 재치  →  wit□□ 마녀
        ↓              ↓              ↓            ↓
  wizard□y 마법사의   wis□□□ 지혜  wit□□□□ 목격자  witch□ 마녀의
                                                     ↓
                                                 witch□□y 마력
```

061 **will** 의지; ~할 것이다

weal 행복 → **wealth** 재산, 부유함
weel　　　　　　welth

well-being 행복
wel-bee-ing

farewell 작별인사 ← **well** 잘 ← **will** 의지; ~할 것이다 → **goodwill** 선의
fair-wel　　　　　　wel　　　　wil　　　　　　　　　good-wil

welfare 번영, 복지
wel-fair

welcome 환영; 환영하다
wel-kuhm

196

미래형 조동사로 잘 알려진 will은 원래 명사로 미래에 무언가를 원하고 바라는 소망이나 소원을 뜻했고 거기서 ~할 것이다를 뜻하는 미래형 조동사가 되었지. 명사로 쓰이는 will은 미래에 자신이 원하는 것을 이루기 위한 의지라는 뜻도 있는데 여기서 선의, 호의를 뜻하는 지닌 goodwill이 나왔어. will이 변형된 well은 좋고 올바른 행동을 표현하는 부사 잘이고, 전 세계적으로 한참 유행하던 well-being은 인생 가운데 잘(well) 살아가는 것(being)을 의미하는 행복과 건강을 뜻해.

작가 헤밍웨이의 작품 제목인 *A Farewell to Arms*(무기여 잘 있거라)에서 farewell은 fare(가다)와 well(잘)이 합쳐진 단어로 작별인사라는 뜻으로 쓰기도 하고 명령문으로 쓰일 때는 잘 가라는 뜻으로 쓰여.

well을 앞에 붙인 welfare는 삶 속에 생활이 잘 진행되는 것을 의미하는 번영과 사람들이 잘 생활할 수 있게 만든 복지를 뜻하지.

welcome은 기쁨으로 사람을 맞이하는 환영, 환영하다는 뜻이야.

well에서 파생된 weal은 잘 사는 것을 의미하는 well-being과 똑같이 행복이라는 뜻을 지녔고 뒤에 th를 붙인 wealth는 물질적으로 풍요롭게 잘 사는 것을 의미하는 재산이나 부유함을 뜻하지.

062 **police** 경찰

politician 정치가
pol-i-**tish**-uhn

political 정치의
puh-**lit**-i-kuhl

politics 정치, 정치학
pol-i-tiks

geopolitics 지정학
jee-oh-**pol**-i-tiks

geopolitician 지정학자
jee-oh-pol-i-**tish**-uhn

politic 현명한
pol-i-tik

police 경찰
puh-**lees**

policeman 경찰관
puh-**lees**-muhn

police station 경찰서
puh-**lees**-**stey**-shuhn

impolitic 현명하지 못한
im-**pol**-i-tik

policy 정책, 방침
pol-uh-see

경찰은 정부의 행정활동 중의 하나로 국민의 생명과 재산을 보호하고 사회의 법질서를 유지하기 위한 조직이지. 영단어 police는 중기 프랑스어에서 처음 생겼는데 원래는 정부에서 행하는 '통치, 명령'이라는 뜻으로 처음 쓰였고 그 후에 정부의 통치하에 운영하는 조직인 경찰이 되었어. policeman은 경찰관을 뜻하고, police station은 경찰서를 뜻해.

police가 정부에서 하는 행정활동이라면 police에서 파생된 policy는 정부에서 운영하고 계획하는 정책이나 방침을 의미해. 영단어를 공부하는 많은 학생이 이 두 단어는 철자가 비슷한데도 뜻이 전혀 달라서 따로 외워야 한다고 생각했을 거야. 그러나 이렇게 영단어가 생기게 된 이유를 알게 되면 큰 어려움 없이 두 단어를 한꺼번에 이해하고 암기할 수 있어.

police에서 나온 politic은 정부에서 국민이 불평등을 당하지 않도록 법으로 정확하고 올바르게 판단하는 것을 나타냈어. 그러나 현재는 정부만이 아니라 일반인을 포함해서 매우 신중하게 판단하는 사람을 뜻하는 현명한이고 앞에 '부정'을 뜻하는 im을 붙인 impolitic은 신중치 못함을 뜻하는 현명하지 못한이야. 뒤에 s를 붙인 politics는 나라를 제대로 다스리고 운영하기 위해서 하는 일인 정치를 뜻하기도 하고 정치현상을 연구하는 학문인 정치학을 의미하기도 해. politician은 정치를 맡아서 하는 사람을 뜻하는 정치가이고 political은 정치의라는 뜻으로 쓰이지.

앞에 '땅의 상태'나 '환경'을 뜻하는 geo를 붙인 geopolitics는 자연환경과 국가적 정치의 관계를 연구하는 학문인 지정학이고, 뒤에 ian을 붙인 geopolitician은 지정학자를 의미해.

빈칸에 적절한 뜻과 철자를 넣으세요.

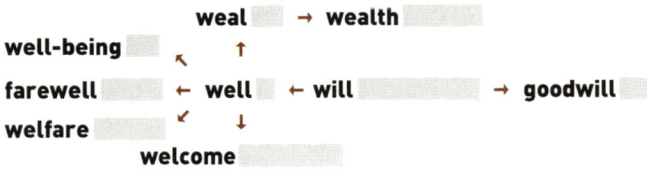

```
                    weal        →  wealth
   well-being          ↖      ↑
   farewell         ←  well  ←  will            →  goodwill
   welfare             ↙      ↓
                    welcome
```

```
                    w    l 행복  →  weal    재산, 부유함
   well-   ing 행복      ↖       ↑
        well 작별인사  ←  w  ll 잘  ←        의지; ~할 것이다  →        will 선의
   wel       번영, 복지   ↙       ↓
                    wel       환영; 환영하다
```

politician   political
   ↑   ↗
politics   → geopolitics   → geopolitician
   ↑
politic   ← police   → policeman
   ↓   ↓   ↘ police station
impolitic   policy

---

politic☐☐☐ 정치가   politic☐☐ 정치의
   ↑   ↗
politic☐ 정치, 정치학 → ☐☐politics 지정학 → geopolitic☐☐☐ 지정학자
   ↑
poli☐☐☐ 현명한 ← ☐☐☐☐☐☐ 경찰 → police☐☐☐ 경찰관
   ↓   ↓   ↘ police ☐☐☐☐☐☐☐ 경찰서
☐☐politic 현명하지 못한   polic☐ 정책, 방침

063 **new** 새로운

innovation 혁신
in-uh-**vey**-shuhn

↑

innovate 혁신하다   **renovate** 수선하다 → **renovation** 수선
in-uh-veyt   **ren**-uh-veyt   ren-uh-**vey**-shuhn

↑ ↗

novate   **now** 지금   **newspaper** 신문
nou   **nooz**-pey-per

↑ ↑ ↗

nov 변형 **nuwe** → **new** 새로운 → **news** 뉴스
noo   nooz

↓ ↙ ↓ ↘

novel 소설 **renew** 재개하다 **newbie** 초보자 **newcomer** 신입자
nov-uhl   ri-**noo**   **noo**-bee   **noo**-kuhm-er

↓ ↓

novelist 소설가 **renewal** 재개
nov-uh-list   ri-**noo**-uhl

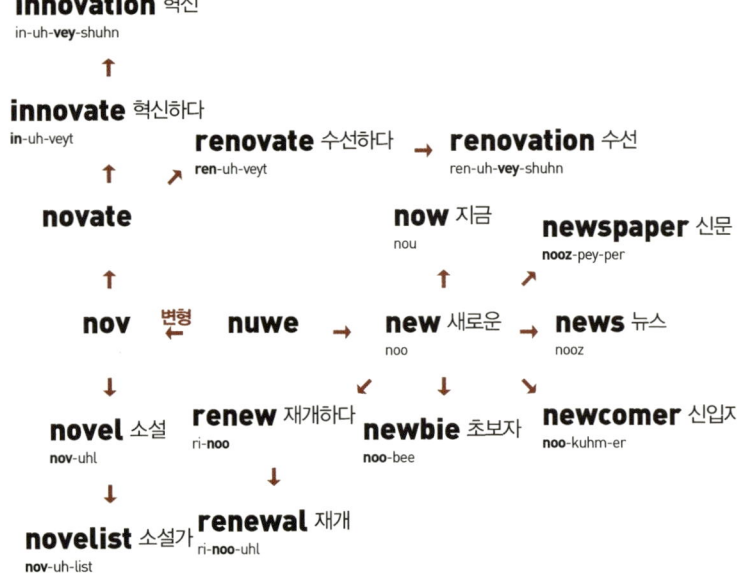

중세 네덜란드어 nuwe에서 나온 new는 그전에는 만들어지지도 존재 하지도 않았던 새것을 표현한 새로운을 뜻하는 영단어야. new에서 나 온 영단어들을 살펴보자.

뒤에 s를 붙인 news는 사람들에게 새로운 소식을 전하는 뉴스이고, '종이'를 뜻 하는 paper와 합쳐진 newspaper는 아침마다 새로운 소식을 전하는 신문이지. 또 인터넷 용어로 특히 많이 사용하는 newbie는 new와 boy가 합쳐져 생긴 단어로 새로 시작하는 초보자를 뜻하는 단어이고 newcomer는 직장에 처음으로 입사하 는 신입자를 뜻하는 단어야.

앞에 '다시'를 뜻하는 re를 붙인 renew는 다시 일을 새롭게 시작하는 재개하다와 계약을 새롭게 늘리는 연장하다로 쓰이고, 뒤에 al을 붙인 명사형 renewal은 재 개와 연장을 의미해. new가 과거에 존재하지 않았던 새로운 것을 표현하는 단어 라면 new에서 파생된 부사 now는 과거에 존재하지 않고 현재 말하는 때를 의미 하는 지금이라는 뜻을 나타내는 단어야.

앞이 nov로 시작하는 단어들은 원어 nuwe의 영향을 받아서 생긴 '새로 운'이라는 의미를 지니고 있는 단어들이야. 그래서 novel은 그전에는 존재하지 않았던 이야기를 글로 쓰고 책으로 만든 소설을 의미하고, 그러한 소설 책을 쓰는 소설가를 novelist라고 하지. nov 뒤에 ate를 붙인 novate는 더는 쓰이 지 않는 단어이지만 novate에서 파생된 단어가 몇 가지 있어. in과 만난 innovate 는 그전에 있던 모든 것을 완벽히 새롭게 바꿔 도입하는 혁신하다라는 뜻이고 명사형 innovation은 혁신이야. 앞에 re를 붙인 renovate는 다시 새롭게 만드는 수선하다는 뜻이고 명사형 renovation은 수선을 뜻해.

064 **adventure** 모험

venture 모험, 모험적 사업 ← **adventure** 모험 → **adventurer** 모험가
ven-cher   ad-**ven**-cher   ad-**ven**-cher-er

↑

advent 출현
ad-**vent**

↑

prevent 예방하다 ← **vent** → **event** 사건, 행사
pri-**vent**   ih-**vent**

↓   ↓   ↓ 뜻이

prevention 예방, 방지 **invent** 발명하다 **eventu**
pri-**ven**-shuhn   in-**vent**

↓   ↓

invention 발명품 **eventual** 최종적인
in-**ven**-shuhn   ih-**ven**-choo-uhl

↓

eventually 결국
ih-**ven**-choo-uh-lee

영단어 vent에는 다양한 뜻이 있는데 여기서 소개할 vent는 현재는 사용 않는 '무언가가 나타나다, 다가오다'를 의미했던 단어야.

앞에 '밖에'를 뜻하는 e를 붙이기만 해도 영단어 event가 되는데 실질적인 어떠한 것이 갑자기 일어나거나 발생하는 것을 의미하는 사건이나 행사를 말해. 사랑하는 사람을 위해서 준비하는 event(행사)도 알 수 없는 어떠한 것을 갑자기 나타내 보여주기 때문에 그렇게 말하는 거야. 프랑스에서는 event를 eventu라고 했고 '속하다'를 뜻하는 al을 붙인 eventual이 다시 영국으로 넘어와서 영어로 쓰이게 되었어. eventual의 뜻은 마침내 무언가가 발생하는 것을 표현한 형용사로 최종적인을 의미하고 부사형 eventually는 결국이지.

vent 앞에 '미리'를 뜻하는 pre를 붙인 prevent는 어떠한 사건이나 적이 나타나기 전에 미리 준비한다는 예방하다, 방지하다이고 명사형 prevention은 예방, 방지야.

'안에'를 뜻하는 in을 붙인 invent는 원래 자신 안에 있는 정신적인 생각을 통해 새로운 것을 나타내게 하는 '발견하다'로 쓰였어. 그러다가 새로운 물건이나 작품을 자신의 생각을 통해 창조해 만들어 내는 발명하다가 되었고 invention은 발명품이나 발명을 말하지.

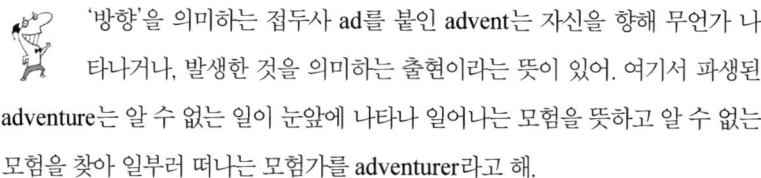 '방향'을 의미하는 접두사 ad를 붙인 advent는 자신을 향해 무언가 나타나거나, 발생한 것을 의미하는 출현이라는 뜻이 있어. 여기서 파생된 adventure는 알 수 없는 일이 눈앞에 나타나 일어나는 모험을 뜻하고 알 수 없는 모험을 찾아 일부러 떠나는 모험가를 adventurer라고 해.

몇 년 전에 IT(Information Technology)사업을 기반으로 한 벤처사업이 활황기였던 적이 있는데 adventure에서 두음 소실이 일어나면서 생겨난 venture가 사용된 표현이야. 어떤 뜻일지 대충 짐작이 되지? venture는 adventure와 똑같은 모험이라는 뜻과 새로운 사업에 위험을 무릅쓰고 뛰어드는 모험적 사업이라는 뜻이 있는 단어야.

빈칸에 적절한 뜻과 철자를 넣으세요.

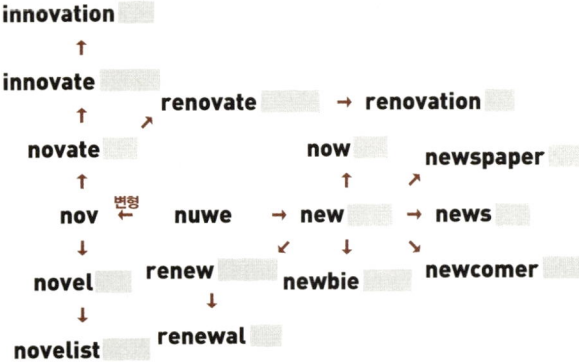

innovation

↑

innovate   → renovate   → renovation

↑ ↗

novate   now   newspaper

↑   ↑   ↗

nov ^{변형}← nuwe → new → news

↓ ↙ ↓ ↘

novel   renew   newbie   newcomer

↓ ↓

novelist   renewal

---

innovat☐☐☐ 혁신

↑

☐☐novate 혁신하다

↑

☐☐novate 수선하다 → renovat☐☐☐ 수선

novate ↗   n☐w 지금   news☐☐☐☐☐ 신문

↑   ↗

nov ^{변형}← nuwe → new 새로운 → new☐ 뉴스

↓ ↙ ↓ ↘

nov☐☐ 소설   ☐☐new 재개하다   new☐☐☐ 초보자   new☐☐☐☐☐ 신입자

↓ ↓

novel☐☐☐ 소설가   renew☐☐ 재개

venture   ←   **adventure**   →   **adventurer**

↑

advent

↑

prevent   ←   **vent**   →   **event**

↓   ↓   ↓ 발음

prevention   **invent**   **eventu**

↓   ↓

invention   **eventual**

↓

eventually

---

venture 모험, 모험적 사업   ←   **advent**◻◻◻ 모험   →   **adventure**◻ 모험가

↑

◻◻**vent** 출현

↑

◻◻**vent** 예방하다   ←   **vent**   →   **event** 사건, 행사

↓   ↓   ↓ 발음

prevent◻◻◻ 예방,방지   ◻◻**vent** 발명하다   **eventu**

↓   ↓

invent◻◻◻ 발명품   **eventu**◻◻ 최종적인

↓

eventual◻◻ 결국

065 **wife** 아내

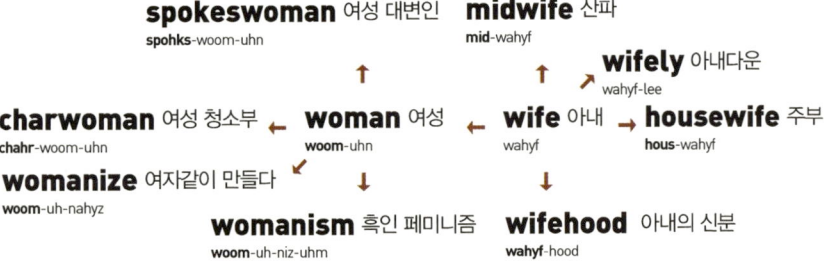

spokeswoman 여성 대변인
spohks-woom-uhn

midwife 산파
mid-wahyf

wifely 아내다운
wahyf-lee

charwoman 여성 청소부
chahr-woom-uhn

woman 여성
woom-uhn

wife 아내
wahyf

housewife 주부
hous-wahyf

womanize 여자같이 만들다
woom-uh-nahyz

womanism 흑인 페미니즘
woom-uh-niz-uhm

wifehood 아내의 신분
wahyf-hood

고대영어에서 온 wife는 여성을 의미했는데, 특히 '집에서 일하는 여성'을 의미했어. 그러다가 일반적으로 결혼하고 집에서 아이를 돌보며 일하는 여자를 의미하는 아내라는 뜻을 가지게 되었지. 아내와 결혼한 사람인 husband를 보면 hus는 house의 줄임말이고 band는 지금은 사용하지 않는 '가지다를 뜻하는 bonda에서 변형되었어. 그래서 husband는 집을 가지고 있는 사람을 뜻하다가 지금의 '남편'이라는 뜻이 되었어.

위에서 얘기한 것처럼 '집'을 뜻하는 house와 합쳐진 housewife는 일반적으로 집에서 살림하는 주부를 뜻하고 mid를 붙인 midwife는 아내가 아이를 낳기 위해 중간에서 도움을 주는 산파를 말해. wife에서 나온 wifehood는 아내의 위치나 상태를 의미하는 아내의 신분이고 wife 뒤에 ly를 붙인 형용사 wifely는 아내다운이라는 뜻을 나타내는 단어야.

여성을 뜻하는 woman은 wife와 man이 만나서 생긴 단어로 뒤의 man은 남자를 의미하는 게 아니라 '사람'을 의미하는 단어야. 뒤에 '만들다'를 뜻하는 ize를 붙인 womanize는 남성을 여자처럼 약하게 만드는 여자같이 만들다이고, 뒤에 ism을 붙인 womanism은 여성의 권리를 주장하는 페미니즘(feminism)과 같은 뜻이지만 특별히 흑인 여성의 권리를 주장하는 흑인 페미니즘을 의미해. 앞에 spokes를 붙인 spokeswoman은 사람이나 단체를 위해 대신 의견이나 발표를 하는 여성 대변인이고 앞에 '일'을 뜻하는 char를 붙인 charwoman은 건물이나 가정의 청소를 하는 여성 청소부를 뜻해.

dictionary 사전
dik-shuh-ner-ee

prediction 예언
pri-**dik**-shuhn

↑

↑

diction 어법
dik-shuhn

predict 예언하다
pri-**dikt**

↓

dic 변형 **dict**

predictor 예언가
pri-**dik**-ter

dedicate 봉납하다
ded-i-keyt

↓

indicate 가리키다
in-di-keyt

dictate 구술하다, 명령하다
dik-teyt

↓

dedication 봉헌
ded-i-**key**-shuhn

↓

indication 지시
in-di-**key**-shuhn

dictator 구술자, 독재자
dik-tey-ter

↓

dictation 받아쓰기, 명령
dik-**tey**-shuhn

라틴어에서 온 dict는 사람이 입으로 하는 '말'을 뜻하는 단어야. 그래서 뒤에 ion을 붙인 diction은 말을 표현하는 방법이나 상태를 의미하는 말의 어법이고, diction 뒤에 ary를 붙인 dictionary는 단어나 문장 등을 하나의 책으로 모아놓은 사전을 의미하지. 과거에는 역사를 기록할 때 입에서 나온 말들을 일일이 적어 책으로 만들었겠지. 그래서 dictate는 큰소리로 외쳐 말을 받아쓰게 하는 구술하다는 뜻이 있고 말로 사람들을 지시하는 명령하다가 있어. 뒤에 ion을 붙여서 명사형이 되는 dictation은 말을 듣고 적는 받아쓰기와 사람에게 지시하는 명령이고, or을 붙인 dictator는 말을 하는 사람을 뜻하는 구술자와 지시하는 사람인 독재자라는 뜻으로 쓰이지.

dict 앞에 '미리'를 뜻하는 pre를 붙인 predict는 미래의 일을 미리 알고 말을 하는 예언하다는 뜻이야. predict에서 나온 prediction은 예언을 뜻하게 되었고, 미래에 대해 말하는 예언가는 predict 뒤에 or을 붙인 predictor야. dict가 변형된 dic도 똑같이 '말'을 뜻해. dic 앞에 '아래'를 뜻하는 de를 붙이고 동사로 만드는 접미사 ate를 붙인 dedicate는 신이나 왕들이 신하들에게 자신의 발아래 물건을 바치라고 선언하는 것을 의미했지. 그러나 지금은 신에게 자신의 것을 정성을 다해 드리는 바치다, 봉납하다를 의미하고, dedication은 신에게 자신의 것을 바치는 헌신, 봉헌이 되었어. 앞에 '안에'를 뜻하는 in을 붙인 indicate는 안에 있는 것을 향하여 말하는 것을 의미하는 가리키다, 나타내다이고 명사형 indication은 가리키는 것을 의미하는 지시를 뜻하지.

연습하기

빈칸에 적절한 뜻과 철자를 넣으세요.

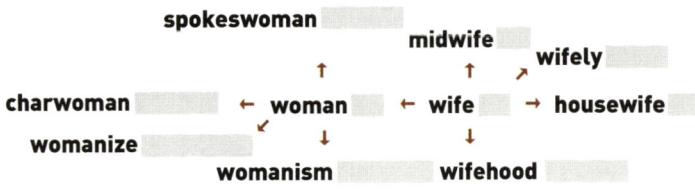

```
              spokeswoman
                                  midwife
                            ↑              ↑       ↗ wifely
                                                       
charwoman              ←  woman  ←  wife  →  housewife
                            ↙                 
womanize                    ↓              ↓
              womanism           wifehood
```

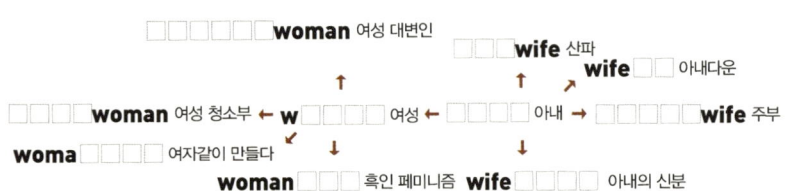

```
                          ☐☐☐☐☐☐woman 여성 대변인
                                            ☐☐☐wife 산파
                            ↑               ↑     ↗ wife☐☐ 아내다운
☐☐☐☐woman 여성 청소부 ← w☐☐☐☐ 여성 ← ☐☐☐☐ 아내 → ☐☐☐☐☐wife 주부
woma☐☐☐☐ 여자같이 만들다  ↙     ↓          ↓
              woman☐☐☐ 흑인 페미니즘  wife☐☐☐☐ 아내의 신분
```

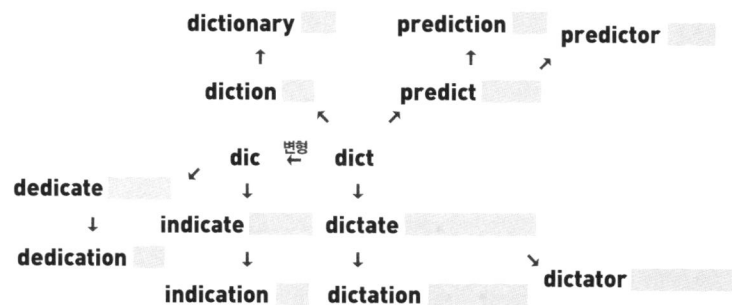

dictionary   prediction   predictor

↑   ↑   ↗

diction   predict

↖   ↗

dic 변형 dict

dedicate ↙ ↓   ↓

↓   indicate   dictate

dedication   ↓   ↓   ↘

indication dictation   dictator

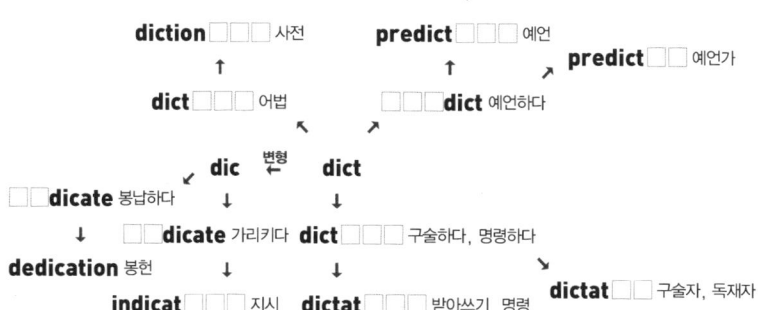

diction□□□ 사전   predict□□□ 예언   predict□□ 예언가

↑   ↑   ↗

dict□□□ 어법   □□dict 예언하다

↖   ↗

dic 변형 dict

↙

□□dicate 봉납하다   ↓   ↓

↓   □□dicate 가리키다 dict□□□ 구술하다, 명령하다

dedication 봉헌   ↓   ↓   ↘

indicat□□□ 지시 dictat□□□ 받아쓰기, 명령   dictat□□ 구술자, 독재자

067 **memo** 메모

MP3

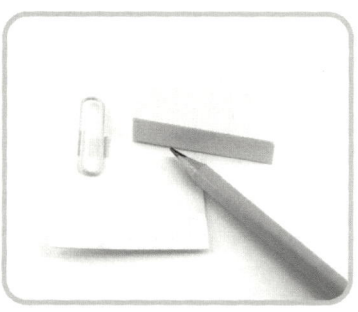

memoir 전기, 회고록
mem-wahr

↑

memento 추억거리 ← **memo** 메모 **줄임** **memorandum** 메모, 기록
muh-**men**-toh   **mem**-oh   mem-uh-**ran**-duhm

↓

memory 기억, 추억 → **memorial** 기념비; 기념의
mem-uh-ree   muh-**mawr**-ee-uhl

↓   ↓

memorize 기억하다, 암기하다   **memorialize** 기념하다
mem-uh-rahyz   muh-**mawr**-ee-uh-lahyz

↓

memorizer 기억하는 사람
mem-uh-rahy-zer

사람의 머리는 기억하는 데 한계가 있기 때문에 모든 것을 기억할 수는 없어. 그래서 사람들은 예전부터 여러 가지 수단을 이용해 기억을 찾으려고 노력했고 그 중 가장 간편하면서 좋은 방법으로는 종이에 적어놓고 다시 볼 때 기억을 회복하는 것이었지. 영단어 memo는 memorandum을 줄인 말로 기억할 수 있게 적는 것인 메모를 뜻해. memorandum은 원래 기억하기 위한 기록을 뜻했는데, 나중에는 기록하기 위해 간단히 적는 메모가 되었고 철자를 줄여서 memo가 된 거야. memo에서 파생한 memoir는 다른 사람을 통해서 자신의 인생이 기록된 전기라는 뜻과 자신 스스로 적으면서 기록한 회고록이라는 뜻이지.

memory는 사람의 머릿속에 기록되어 있는 기억이나 추억을 뜻해. 또한, 컴퓨터에 사용되는 기억장치인 ram(random access memory)과 rom(read only memory)은 컴퓨터의 데이터를 기억(memory)할 수 있게 사용하는 장치야.

memory에서 파생한 memorial은 명사와 형용사로 쓰이는데 명사로는 사람들이 기억할 수 있게 세워놓은 기념비나 기념품을 의미하고 형용사로는 기억하는 것을 표현하는 기념의를 뜻하지. memorial에 동사로 만드는 접미사 ize를 붙인 memorialize는 기념하다, 추모하다는 뜻이고, memory에 접두사 com과 접미사 ate를 붙인 commemorate도 같은 뜻이야. memory에서 파생한 memorize는 기억할 수 있게 만드는 기억하다, 암기하다이고 명사형 memorizer는 기억하는 사람을 의미해.

memory에서 파생된 memento는 과거를 회상시키는 추억거리나 기념품을 뜻하는 단어로 영화 제목으로도 사용되었어. 영화 Memento는 뇌에 충격을 받은 주인공이 10분 이상 기억하지 못해서 매 순간 폴라로이드 사진을 찍어두고 온몸에 메모를 남기는 등 자신의 손상된 기억력을 보완하려는 행동을 하는 데서 이러한 제목을 붙이게 되었어.

068 **people** 사람들, 국민

population 인구
pop-yuh-**ley**-shuhn

↑

populate 거주하다   **popularity** 인기
pop-yuh-leyt   pop-yuh-**lar**-i-tee

↑   ↑

puple 변형 → **people** 사람들, 국민 변형 ⇒ **popule** → **popular** 대중의, 인기 있는
                  pee-puhl   pop-yuh-ler

↓   ↓

public 공공의 → **publish** 발행하다   **unpopular** 인기 없는
puhb-lik   **puhb**-lish   uhn-**pop**-yuh-ler

↓   ↓   **publishing** 출판
                                  puhb-li-shing

republic 공화국 **publisher** 출판업자
ri-**puhb**-lik   **puhb**-li-sher

person이 일반적인 사람을 의미하는 '개인'이라면 people은 person의 복수형으로 전체적인 사람들을 의미해. people은 또한 나라를 구성한 사람들을 의미하는 국민을 의미하기도 해.

'사람들'을 뜻하는 people이 프랑스에서 쓰일 때는 puple, popule로 쓰이게 됐는데 접미사 al이 붙으면서 다시 영어로 와서 형용사 popular가 되었어. popular는 사람들의 무리를 표현하는 대중의라는 뜻과 대중들에 의해 움직여지고 선호되는 것을 표현한 인기 있는으로 사용되었는데 줄여서 pop라고도 해.

pop song은 '인기 있는 노래'이고 pop star는 '인기 있는 노래를 부르는 가수'야. pop art는 음악이 아닌 '대중이 좋아하는 현대 미술작품'이고 pop artist는 'pop art를 하는 작가'를 뜻하는데 최근에는 '많은 음반을 판매한 인기 있는 음악을 하는 음악가'를 뜻할 때도 있지.

앞에 '부정'을 뜻하는 un을 붙인 unpopular는 인기가 있는 것을 부정하는 인기 없는이고 popular에서 나온 popularity는 대중들이 좋아하고 선호하는 인기를 뜻해. 동사 populate는 사람이 살기 위해 머무는 거주하다이고, population은 거주하는 사람들의 수나 집단을 의미하는 인구야.

프랑스에서 쓰인 puple에 '관계된'을 뜻하는 접미사 ic를 붙인 public은 국가에 사는 국민을 표현해서 국민의, 모든 국민이 공평하게 관계된 것을 말하는 공공의를 뜻해. '사건, 일'을 뜻하는 re를 붙인 republic은 국민이 직접 선거를 통해 나라의 원수를 뽑고 새로운 도시를 개혁하는 공화국을 의미해.

publish는 '모든 국민이 알 수 있게 만들다'를 뜻했는데 현재는 무언가를 사람들이 알 수 있게 전하는 발표하다와 사람들이 알 수 있게 소식을 전하는 신문이나 책을 발행하다는 의미야. er을 붙인 publisher는 책을 발행하는 출판업자를 뜻하고 publishing은 출판이라는 뜻이지.

빈칸에 적절한 뜻과 철자를 넣으세요.

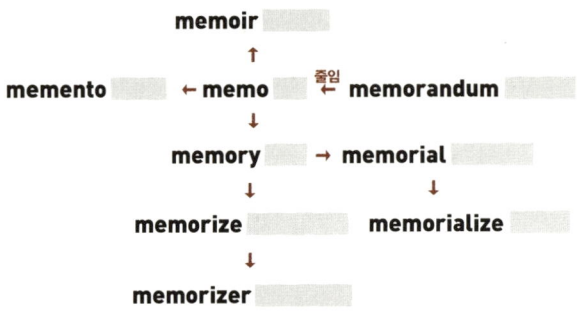

memoir
↑
memento ← **memo** ^{줄임}← **memorandum**
↓
memory → **memorial**
↓   ↓
memorize   **memorialize**
↓
memorizer

---

memo☐☐ 전기, 회고록
↑
mem☐☐☐☐ 추억거리 ← ☐☐☐☐ 메모 ^{줄임}← **memorandum** 메모, 기록
↓
memo☐☐ 기억, 추억 → **memo**☐☐☐☐ 기념비; 기념의
↓   ↓
memor☐☐☐ 기억하다, 암기하다 **memorial**☐☐☐ 기념하다
↓
memorize☐ 기억하는 사람

population 　

↑

populate 　 　　　 popularity 　

↑ ↑

puple ←(변형) people 　 →(변형) popule → popular

↓ ↓

public 　 → publish 　 unpopular 　

↓ ↓ ↘

republic 　 publisher 　 publishing 　

---

populat☐☐☐ 인구

↑

popul☐☐☐ 거주하다　　popular☐☐☐ 인기

↑ ↑

puple ←(변형) ☐☐☐☐☐☐ 사람들, 국민 →(변형) popule → popul☐☐ 대중의, 인기 있는

↓ ↓

pu☐☐☐☐ 공공의 → publ☐☐☐ 발행하다 ☐☐popular 인기 없는

↓ ↓ ↘

☐☐public 공화국　　publish☐☐ 출판업자　publish☐☐☐ 출판

069 **enter** 들어가다

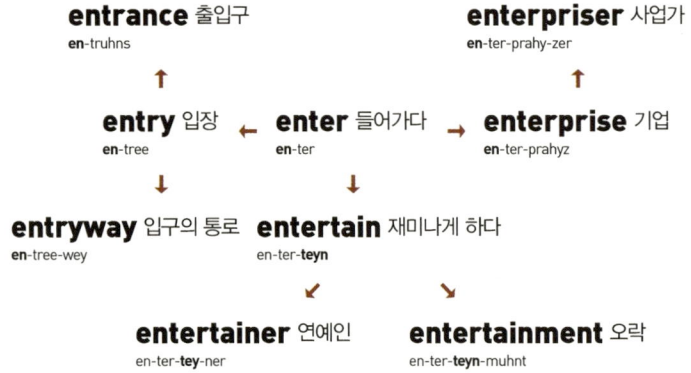

entrance 출입구
en-truhns

enterpriser 사업가
en-ter-prahy-zer

entry 입장
en-tree

enter 들어가다
en-ter

enterprise 기업
en-ter-prahyz

entryway 입구의 통로
en-tree-wey

entertain 재미나게 하다
en-ter-**teyn**

entertainer 연예인
en-ter-**tey**-ner

entertainment 오락
en-ter-**teyn**-muhnt

프랑스에서 처음 사용된 enter는 '~안으로'라는 뜻이었고, 라틴어로 쓰이게 되면서 '~사이에'라는 뜻이 되었어. 현대영어로 오면서 '~안으로'라는 의미를 지니고 있어서 건물이나 회사의 조직 안으로 들어가는 들어가다를 뜻하지만, 뒤에 접미사를 붙여 파생어를 만들 때는 여전히 '~사이에'라는 의미로 사용되고 있어.

'~안으로'를 뜻하는 enter에서 나온 entry는 안으로 들어가는 입장이나 출입을 의미해. 스포츠 경기에서 선수가 경기에 출장하기 위해서는 감독이 심판에게 선수 명단을 작성하여 제출해야 하는데, 경기에 입장할 수 있게 제출된 참가자 명단을 엔트리라고 해.

 entry에서 파생된 entryway는 건물이나 집 안에 있는 입구의 통로이고 entrance는 들어갈 수 있는 입구인 출입구를 뜻하지.

'~사이에'라는 뜻의 enter와 '잡다'는 뜻의 tain이 합쳐진 entertain은 사람과 사람 사이의 관심을 잡아주고 끌어주는 재미나게 하다야. entertainer는 보거나 듣는 사람들을 즐겁고 신이 나게 해주는 연예인이고, entertainment는 음악이나 여러 가지 다채로운 것들로 사람들을 즐겁게 해주는 오락을 의미해.

'손을 잡다'는 뜻의 prise를 붙인 enterprise는 서로의 손을 잡고 어려움을 헤쳐나가는 것을 의미했지만, 지금은 영리를 목적으로 설립한 기업이나 회사를 뜻해. er을 붙인 enterpriser는 사업가나 기업가를 뜻하는 단어야.

MP3

cultivator 경작자
kuhl-tuh-vey-ter

cultural 문화의 →
kuhl-cher-uhl

culturally 문화적으로
kuhl-cher-uh-lee

↑　　　　　↑

cultivate 경작하다 ← **culture** 경작, 문화 ← **cult** 숭배 → **cult movie** 컬트영화
kuhl-tuh-veyt　　　kuhl-cher　　　kuhlt　　　kuhlt-**moo**-vee

↓　　　　　↓ ↘

subculture 하급문화
suhb-**kuhl**-cher

cultivation 경작 **agriculture** 농업
kuhl-tuh-**vey**-shuhn ag-ri-kuhl-cher

문화는 사람이 살아가면서 배우고 습득하게 되는 지식, 예술, 법률 등을 총체적으로 일컫는 말이야. 나라마다 문화가 있기에 외국으로 문화를 배우러 간다는 말은 그들이 살아온 과거와 살아온 환경을 이해하며 경험하는 것이지. 문화를 뜻하는 culture는 cult에서 나왔어. cult는 신에게 모든 것을 바치며 헌신하는 숭배를 뜻했고 광적으로 잘못된 종교를 헌신적으로 숭배하는 단체인 사이비 종교집단을 의미하기도 해. 그래서 movie를 뒤에 붙인 cult movie는 많은 사람이 좋아하는 블록버스터 영화가 아니고 일부 마니아들만 추종하는 컬트 영화를 말하는 거야.

cult에서 파생된 culture는 신을 위해 헌신하고 노력하는 것과 같이, 먹을 것을 얻기 위해 노력하고 헌신하는 농부의 경작을 의미했어. 그러다가 식물과 곡식만을 위해 헌신하는 경작이 아닌 동물이나 물건의 생산을 위해 노력하는 것까지 뜻하게 되었고 현재는 예술이나 교양, 과학 등 사람이 노력이나 헌신을 통해 얻어진 것이나 얻는 것을 총체적으로 culture(문화)라고 해.

 agriculture는 '땅'을 뜻하는 agri와 '경작'을 뜻하는 culture가 합쳐진 단어로 농업을 의미하고, subculture는 '아래'를 뜻하는 sub와 '문화'를 의미하는 culture가 만나서 하급문화를 뜻하게 되었어.

culture에서 파생된 형용사 cultural은 문화의라는 뜻이고 부사 culturally는 문화적으로라는 뜻이야.

앞에서 culture가 '경작'을 뜻한다고 했는데 여기서 나온 cultivate는 농부가 곡식이나 과일을 얻기 위해 노력하는 경작하다, 재배하다를 의미해. 명사형 cultivation은 culture가 지니고 있는 경작이라는 뜻과 재배라는 뜻이 있고, cultivator는 경작하거나 재배하는 사람을 의미하는 경작자, 재배자야.

연습하기

빈칸에 적절한 뜻과 철자를 넣으세요.

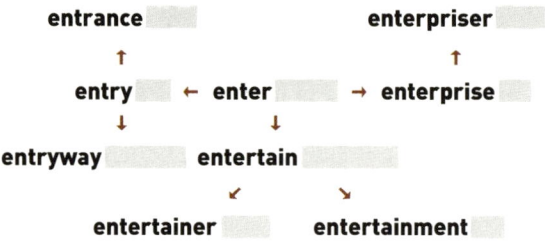

entrance   enterpriser

↑   ↑

entry   ←   enter   →   enterprise

↓   ↓

entryway   entertain

↙   ↘

entertainer   entertainment

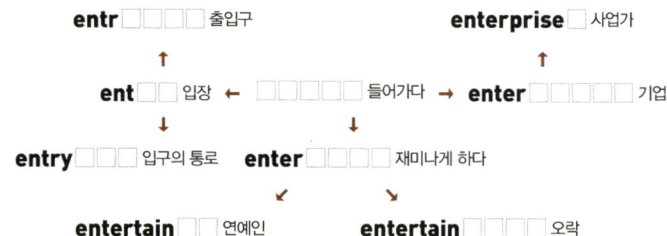

entr☐☐☐☐☐ 출입구   **enterprise**☐ 사업가

↑   ↑

ent☐☐ 입장   ←   ☐☐☐☐☐ 들어가다   →   **enter**☐☐☐☐ 기업

↓   ↓

entry☐☐☐ 입구의 통로   **enter**☐☐☐☐ 재미나게 하다

↙   ↘

entertain☐☐ 연예인   **entertain**☐☐☐☐ 오락

224

cultivator   cultural   → culturally
    ↑   ↑
cultivate   ← culture   ← cult → cult movie
    ↓   ↓   ↘
cultivation   agriculture   subculture

---

cultivat⬚⬚ 경작자   cultur⬚⬚ 문화의 → cultural⬚⬚ 문화적으로
    ↑   ↑
cult⬚⬚⬚⬚⬚ 경작하다 ← cult⬚⬚⬚ 경작, 문화 ← ⬚⬚⬚⬚ 숭배 → cult movie 컬트영화
    ↓   ↓   ↘
cultivat⬚⬚⬚ 경작   ⬚⬚⬚⬚culture 농업   ⬚⬚⬚culture 하급문화

071 **city** 도시

city 도시
sit-ee

↓

civic 도시의, 시민의 ← **citizen** 도시인, 시민 → **citizenship** 시민권
siv-ik   **sit**-uh-zuhn   **sit**-uh-zuhn-ship

↓   ↓

civics 공민학   **civil** 시민의, 민간의, 정중한 → **civilian** 민간인
siv-iks   **siv**-uhl   si-**vil**-yuhn

↓   ↘

                             civility 정중함
civilize 문명화하다   si-**vil**-i-tee
siv-uh-lahyz

↓

civilization 문명
siv-uh-luh-**zey**-shuhn

사람들이 가장 많이 모여 사는 상업의 중심지를 뜻하는 도시는 원래 정치적으로 가장 발전된 지역이었어. 미국의 수도는 원래 상업중심지인 뉴욕(New York City/NYC)이었는데 1790년에 워싱턴 D.C.로 변경되었어. 우리나라와는 다르게 엄청난 크기를 자랑하는 미국은 주마다 도시가 따로 있어. 뉴욕 주(State of New York)는 미국에서 3번째로 인구가 많은 주지만 그 안에 있는 뉴욕은 미국 도시 중에 가장 크고 사람이 많이 사는 도시야. 타임스 광장(Times Square)이 있는 맨해튼이나 영화 촬영 장소로 유명한 브루클린 등은 모두 뉴욕 시티 안에 있지. 이렇듯 도시를 뜻하는 영단어 city는 상업적으로 가장 발전되며 사람이 많이 사는 곳을 의미하게 되었고 그 안에 사는 사람들을 citizen(도시인, 시민)이라고 부르게 되었지. 과거에는 사람마다 계급이 정해져 있었기 때문에 시민이 되기 위해서는 자격이 있어야 했어. 그래서 citizenship은 계급상으로 시민으로 살 수 있는 자격을 주는 시민권이었고 현재는 다른 나라에서 살 수 있는 권리도 뜻하고 있어.

 citizen에서 파생된 civic은 도시의, 시민의이고, civics는 도시인의 권리와 의무를 배우는 공민학을 뜻해.

citizen에서 파생된 civil은 civic과 똑같이 시민의를 뜻하고, 일반적인 사람들을 표현한 민간의라는 뜻과 시민으로서 가져야 할 성품과 예의를 표현한 정중한을 뜻해. 여기서 파생된 civilian은 민간인을 뜻하고 civility는 정중함을 의미하지. 과거 서양에서는 낮았던 신분에서 시민이 되면 새로운 것들을 알고 배우게 되었다. civil에서 파생된 civilize는 낡은 사상을 버리고 새로운 문화를 받아들이게 하는 개화시키다, 문명화하다를 뜻하고 명사로 쓰이는 civilization은 문명을 뜻해

072 **nature** 성질, 자연

human nature 인간 본성
hyoo-muhn-**ney**-cher

naturally 자연적으로
nach-er-uh-lee

↑

native 출신자, 선천적인 ← **nat** → **nature** 성질, 자연 → **natural** 자연의
ney-tiv   **ney**-cher   **nach**-er-uhl

↓   ↘

native speaker 모국어 사용자
ney-tiv-**spee**-ke

nation 국민; 국가
ney-shuhn

↓

national 국가의, 국민
nash-uh-nl

↙   ↘

nationalist 민족주의자
nash-uh-nl-ist

nationalism 민족주의
nash-uh-nl-iz-uhm

모든 생물은 탄생과 동시에 생명력을 지니게 되는데 만약 생명력이 없다면 사람이나 동물은 숨 쉴 수 없어 죽고 식물은 말라 죽을 거야.

지금은 쓰지 않는 라틴어로 '태어난'을 뜻하는 nat와 '과정, 결과'를 뜻하는 ure가 합쳐진 영단어 nature는 사람이 태어나면서 가지게 되는 육체적인 힘이나 사람의 지니게 되는 성질을 의미해. 그래서 human nature는 인간이 지니고 있는 본래의 성질인 인간 본성을 의미하지. nature가 가진 또 다른 뜻은 사람이 아닌 동물이나 식물들이 있는 모습 그대로 태어나고 자신이 지닌 힘을 통해 자라는 것을 의미하는 자연이야. 그래서 nature에서 파생된 natural은 자연의, 선천적인이고 naturally는 자연적으로, 선천적으로를 뜻해.

 nation도 nat에서 파생되었는데 한 나라 안에 태어나서 사는 국민과 그 국민이 모여 사는 국가를 의미해. 뒤에 al을 붙인 national은 형용사로 쓰일 때는 국가의라는 뜻이 있고 명사로 쓰일 때는 nation과 똑같은 국민을 뜻하지. national에서 파생된 nationalist는 자기 민족만을 우선으로 생각하는 민족주의자를 뜻하는 단어이고 nationalism은 민족주의를 의미하는 단어야.

nat에서 파생된 native는 명사와 형용사로 쓰이는데 명사로는 개척자나 이민자들이 오기 전부터 이미 살고 있던 원주민과 일반적으로 한 나라에서 태어난 출신자를 뜻해. Native American은 유럽 사람들이 건너오기 전부터 살고 있던 북미 원주민인 인디언을 뜻하고 미국에서 태어난 미국 시민은 native American citizens라고 하지. native가 형용사로 쓰일 때는 태어나면서 지니게 되는 것을 표현한 선척적인이라는 뜻과 태어난 것을 표현하는 태어난 것이라는 뜻이 있어. 그래서 태어나서 자연스럽게 알게 되고 사용하는 모국어 사용자를 영어로는 native speaker라고 말하는 거야.

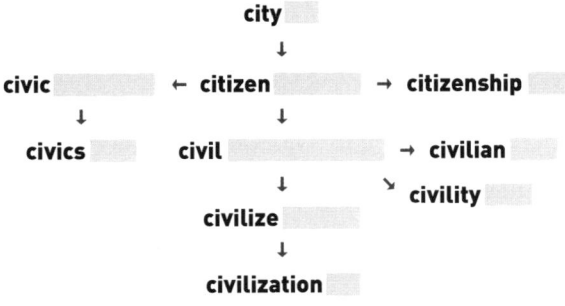

```
                              city
                                ↓
civic          ←  citizen                →  citizenship
  ↓                  ↓
civics          civil                     →  civilian
                     ↓             ↘  civility
                 civilize
                     ↓
                 civilization
```

```
                        □□□□ 도시
                             ↓
ci□□□ 도시의, 시민의  ←  cit□□□□ 도시인, 시민  →  citizen□□□□ 시민권
     ↓                         ↓
   civic□ 공민학             civil 시민의, 민간의, 정중한  →  civil□□□ 민간인
                                ↓                    ↘  civil□□□ 정중함
                            civil□□□ 문명화하다
                                ↓
                            civiliz□□□□□ 문명
```

230

```
                    human nature          naturally
                         ↑                    ↑
      native      ←  nat  →  nature      →  natural
         ↓              ↘
  native speaker              nation
                                ↓
                            national
                          ↙        ↘
              nationalist        nationalism
```

                    □□□□□ nature 인간 본성   natural□□ 자연적으로
                         ↑   ↑
nat□□□ 출신자, 선천적인 ← nat → □□□□□□ 성질, 자연 → natur□□ 자연의
   ↓   ↘
native speaker 모국어 사용자   nat□□□ 국민, 국가
                                 ↓
                            nation□□ 국가의, 국민
                          ↙   ↘
              national□□□ 민족주의자   national□□□ 민족주의

073 **live** 살다; 살아 있는

liveliness 활기
lahyvl-lee-nis

livelily 활발하게
lahyv-**lil**-ee

alive 살아 있는
uh-**lahyv**

lively 활기찬
lahyv-lee

survive 생존하다 ← **vive** 변형 **live** 살다; 살아 있는 → **life** 삶, 활기
ser-**vahyv**　　　　　　　　　　　　　　　lahyv　　　　　　　　　　　lahyf

survival 생존, 유물　**revive** 활기를 되찾다, 회복하다
ser-**vahy**-vuhl　　ri-**vahyv**

revival 활기, 부활
ri-**vahy**-vuhl

revivalism 복고주의, 부흥운동　**revivalist** 복고주의자, 종교 부흥 운동가
ri-**vahy**-vuh-liz-uhm　　　　　ri-**vahy**-vuh-list

우리말 '살다'는 두 가지 뜻이 있어. 어떤 곳에 자리를 잡고 지내는 것을 의미하는 '살다'와 생명을 지니고 있다는 '살다'인데 영어에서도 비슷해. 영단어 live에도 특정한 지역에 거주하는 살다는 뜻과 살아 있기에 존재하는 살다는 뜻이 있지. live는 형용사로도 쓰이는데 앞에 a를 붙인 alive와 같은 살아 있는을 의미해. 방송에서, 녹음이나 녹화를 재생해서 시청자에게 보여주는 것이 아닌 생방송(生放送)을 라이브라 하는데 生은 태어나고 살아 있다는 뜻을 지닌 한자어야.

동사 live에서 나온 life는 삶, 활기를 뜻하는 명사이고 life에서 파생된 형용사가 lively야. 예전에는 lifely였는데 중기영어로 쓰이면서 lively로 바뀌었고 활기찬 이라는 뜻이 있어. 형용사 lively를 부사로 만든 livelily는 활발하게이고, 명사로 쓰이는 liveliness는 활기이지.

super에서 나온 sur와 라틴어에서 live로 쓰인 vive가 합쳐진 영단어 survive는 어떠한 상황 속에서도 끝까지 견디어 살게 되는 살아남다, 생존하다를 뜻해. 여기서 나온 survival은 끝까지 살거나 남겨진 생존이나 유물을 의미하지. 그래서 전투를 가상으로 재현해서 최후에 한 사람만 남기는 서바이벌 게임을 생존게임이라 하는 거야. 앞에 '다시'를 뜻하는 re를 붙인 revive는 다시 살아나는 것을 의미하는 활기를 되찾다, 회복하다는 뜻이고, 명사로 쓰이는 revival은 활기나 부활을 뜻해. revival에서 나온 revivalism은 과거의 것을 다시 현재로 재현해 내는 복고주의와 종교적으로 쇠퇴하여진 것을 다시 새롭게 꽃피우기 위한 부흥운동을 말해. revivalist는 복고를 추구하는 복고주의자와 종교의 부흥을 위해 활동하는 종교 부흥 운동가를 뜻해.

074 **arm** 팔, 무기; 무장하다

074
MP3

army 군대, 육군
ahr-mee

armada 함대
ahr-**mah**-duh

armchair 안락의자
ahrm-chair

alarm 경보기
uh-**lahrm**

arm 팔, 무기; 무장하다
ahrm

armpit 겨드랑이
ahrm-pit

armor 갑옷
ahr-mer

armament 군비
ahr-muh-muhnt

disarm 무장을 해제하다
dis-**ahrm**

armory 무기고
ahr-muh-ree

disarmament 군비 축소
dis-**ahr**-muh-muhnt

영단어 arm이 처음 쓰일 때는 사람의 어깨부터 손까지를 의미하는 팔을 의미했어. 이 뜻을 통해 파생한 armpit은 팔 안쪽에 있는 겨드랑이이고 armchair는 손을 의자에 놓을 수 있는 안락의자이지.

arm은 무기나 전쟁을 뜻하기도 해. 과거에는 먹을 것을 구하기 위해서 동물을 사냥하거나 다른 지역 사람들과 전투를 해서 음식을 빼앗아야만 했어. 그래서 항상 팔에 갑옷과 무기를 들고 다니면서 사냥과 싸움을 했기 때문에 이런 의미로 쓰이게 된 거야.

arm은 동사로도 쓰이는데 팔이 어깨에 부착된 것처럼 사람 몸에 갑옷이나 보호대를 착용하는 무장하다를 뜻하게 된 거지.

arm에서 파생된 armor는 전쟁 중 사람의 몸을 보호하는 갑옷을 의미하고 armory는 무기를 보관하는 무기고를 의미해. 명사로 만드는 접미사 ment를 붙인 armament는 전쟁에 대비하여 갖추어진 시설인 군비를 의미하지. arm 앞에 dis를 붙인 disarm은 자신이 지닌 무기를 풀어버리는 무장을 해제하다이고 disarmament는 군대의 무기나 시설들을 줄이는 군비 축소야.

영단어 arm에서 나온 army는 전쟁을 대비해 몸에 무장하고 실전처럼 무기를 사용하여 훈련하는 단체인 군대야. 과거에는 땅에서만 싸워서 육군이라고 했지만, 지금은 육군과 군대를 모두 의미해. armada는 바다에서 싸우는 해군을 의미했던 단어이지만 현재는 전쟁을 위해 바다에 떠 있는 함대를 말해.

우리가 원하는 시간에 잠에서 깨기 위해 사용하는 알람시계에서 알람은 원래 이탈리아어였어. 전쟁이 발생하였으니 '무기를 들어라!'라는 명령어로 쓰인 'to arms'가 영어로 들어오면서 alarm이 되었고 어떠한 문제가 발생했을 때 울리는 경보기나 시계의 알람을 뜻해.

연습하기

빈칸에 적절한 뜻과 철자를 넣으세요.

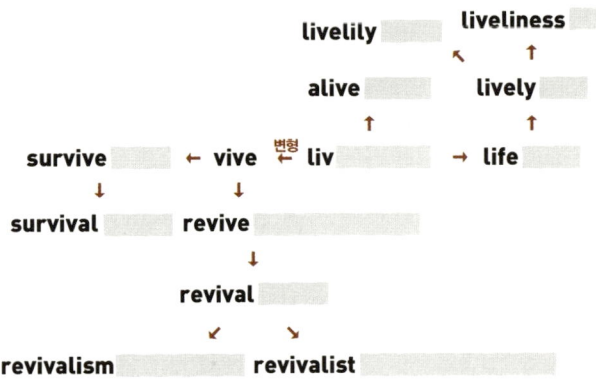

```
                              livelily [    ]      liveliness [    ]
                                           ↖          ↑
                                alive [    ]      lively [    ]
                                           ↑          ↑
  survive [    ]   ←  vive  ←(변형) liv [    ]  →  life [    ]
       ↓                      ↓
  survival [    ]       revive [         ]
                              ↓
                       revival [      ]
                           ↙        ↘
  revivalism [         ]      revivalist [            ]
```

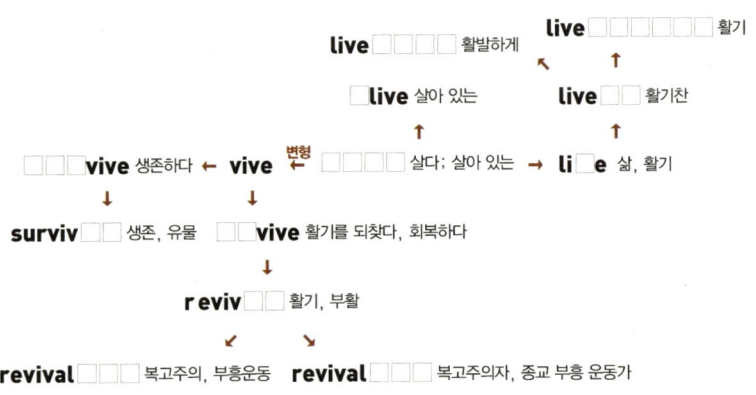

```
                              live[  ][  ][  ]  활발하게      live[  ][  ][  ][  ]  활기
                                               ↖              ↑
                              [  ]live  살아 있는            live[  ][  ]  활기찬
                                               ↑              ↑
  [  ][  ]vive  생존하다  ←  vive  ←(변형) [  ][  ][  ]  살다; 살아 있는  →  li[  ]e  삶, 활기
       ↓                          ↓
  surviv[  ][  ]  생존, 유물    [  ][  ]vive  활기를 되찾다, 회복하다
                              ↓
                       r eviv[  ][  ]  활기, 부활
                           ↙        ↘
  revival[  ][  ][  ]  복고주의, 부흥운동    revival[  ][  ][  ]  복고주의자, 종교 부흥 운동가
```

```
                    army
   armada      ↖       ↑       ↗   armchair
   alarm    ←    arm       →   armpit
      armor     ↙     ↓      ↘   disarm
        ↓              armament
   armory              ↓
              disarmament
```

```
                    arm□ 군대, 육군
  arm□□□ 함대  ↖           ↑           ↗  arm□□□□ 안락의자
   alarm 경보기  ←  □□□ 팔, 무기; 무장하다  →  arm□□ 겨드랑이
  arm□□ 갑옷  ↙        ↓         ↘  □□arm 무장을 해제하다
        ↓           arm□□□□ 군비
  arm□□□ 무기고          ↓
              □□□armament 군비 축소
```

237

075 school 학교

schoolyard 운동장
skool-yahrd

schoolwork 학업
skool-wurk

elementary school 초등학교
el-uh-**men**-tuh-ree-skool

schoolfellow 교우
skool-fel-oh
← **school** 학교
skool
→ **junior high school** 중학교
joon-yer-hahy-skool

high school 고등학교
hahy-skool

scholarship 장학금
skol-er-ship
← **scholar** 학자
skol-er

school은 학생들이 교육받는 장소인 학교를 말하지. 한국에서는 의무적으로 교육받는 장소를 학교라고 하며 나이에 맞게 초등학교, 중학교, 고등학교로 구분해. 미국 영어에서도 초등학교를 elementary school, 중학교를 junior high school, 고등학교를 high school이라고 해. 미국에서 middle school 은 많이 사용하지 않고 캐나다나 미국 서부에 있는 일부 학교만 사용하고 있어. 영어에서는 아이들이 초등학교에 입학하기 전에 다니는 유치원을 앞에 pre를 붙인 preschool이라 하고 kindergarten이라고도 하지. kindergarten은 독일어로 '아이들'을 뜻하는 kinder와 '정원'을 뜻하는 garden이 합쳐진 말로 학교에 가기 전 아이들이 뛰놀면서 자유롭게 교육받는 장소를 뜻해.

 한국에서 대학교는 의무교육이 아님에도 학교라는 단어를 사용하지만 영어에서는 school이 아니라 college를 사용해. 우리한테 전문대로 잘못 알려진 college는 실제로는 '대학'이나 학과가 많지 않은 '단과 대학'을 의미하고 university는 여러 college와 대학원을 모아놓은 것으로 우리말로 표현하면 '종합대학'을 의미하지. 한 예로 영국의 옥스퍼드 대학은 30개가 넘는 college로 되어 있고 케임브리지 대학 또한 수십 개의 college를 지니고 있어.

'친구'나 '동료'를 뜻하는 fellow를 붙인 schoolfellow는 학교에서의 친구인 교우, 같은 학교에 다녔던 친구인 동창생을 뜻해. schoolwork는 학교에서의 일인 학업을 의미하고 schoolyard는 학교의 뜰인 운동장이지. school에서 나온 scholar는 학교에서 학문을 익히고 학문을 연구하는 사람인 학자를 의미하고 뒤에 ship을 붙인 scholarship은 뛰어난 성적을 거둔 학생에게 주는 장학금이야.

076 **bag** 자루, 봉투, 가방

plastic bag 봉지
plas-tik-bag

↑

backpack 책가방   **paper bag** 봉투
bak-pak   **pey**-per-bag

↑   ↑   **handbag** 가방
                                  ↗ **hand**-bag

sack 부대   ← **pack** 짐을 싸다   ← **bag** 봉투, 가방   → **baggage** 수화물
sak   pak   bag   **bag**-ij

↓   ↓   ↘ **package** 여행상품, 포장물
                               pak-ij   ↓

rucksack 배낭   **packet** 소포   **baggage claim** 수화물 수취소
ruhk-sak   **pak**-it   **bag**-ij-kleym

왼쪽 그림에서 보는 것과 같이, 윗부분을 제외하고 전체가 막힌 자루를 bag이라고 해. 이 단어가 처음에는 물건을 담기 위해 사용하는 자루나 봉투로 쓰였고 나중에는 돈이나 귀중품을 넣는 가방으로 사용하게 되었지. 그래서 슈퍼마켓에 가서 물건을 사서 올 때 사용되는 봉지나 봉투를 plastic bag 혹은 paper bag이라고 하고, 쇼핑하기 위해 손으로 들고 다니는 작은 가방을 handbag이라고 하지. bag에서 파생된 baggage는 여행할 때 쓰는 큰 가방이나 짐을 의미하는 수화물을 뜻해서, 승객이 비행기에서 내려 가방을 찾으러 가는 곳인 수화물 수취소를 baggage claim이라고 하는 거야.

영단어 pack은 bag에서 영향을 받아 생긴 단어로 bag이 위가 열려 있는 물건을 담는 자루라면 pack은 물건을 담고 그 후에 열린 부분을 묶어 놓은 것을 의미해. 그래서 pack의 뜻은 이사나 여행가기 위해 큰 짐을 싸는 짐을 싸다, 포장하다는 뜻이지. pack에서 파생된 packet은 조그맣게 묶인 짐을 뜻하는 소포를 뜻하고, package는 여행사에서 광고하는 교통과 편의시설 그리고 숙박시설의 비용을 하나로 포장한 여행상품과 포장된 포장물을 뜻해.

bag이 자루를 뜻하고 pack이 큰 짐을 포장하는 거라고 했는데 여기서 영향을 받아 생긴 sack은 큰 자루를 뜻하는 부대를 의미해. sack에서 파생된 rucksack은 등산용 가방인 배낭을 뜻하지. 한국에서 학생용 가방을 책가방이라고 말하듯 미국에서도 학생들이 사용하는 가방은 school bag, book bag이라고 해.

참고로, backpack은 원래 등산이나 여행을 가기 위해 등에 메는 배낭을 뜻했지만, 등산용 가방을 책가방처럼 메고 다니는 한국인이 많듯 미국에서도 크게 구별하지 않고 backpack을 책가방으로 사용하고 있어.

빈칸에 적절한 뜻과 철자를 넣으세요.

schoolyard

schoolwork   ↖   ↑   ↗   elementary school

schoolfellow ← school → junior high school

↓   ↘ high school

scholarship ← scholar

---

school☐☐☐☐ 운동장

school☐☐☐☐ 학업   ↖   ↑   ↗ elementary school 초등학교

school☐☐☐☐☐ 교우 ← ☐☐☐☐☐☐ 학교 → junior high school 중학교

↓   ↘ high school 고등학교

scholar☐☐☐☐ 장학금 ← ☐☐☐☐☐☐☐ 학자

                    plastic bag
                         ↑
        backpack   **paper bag**
            ↑   ↑   ↗ **handbag**
sack ← **pack** ← **bag**   → **baggage**
    ↓   ↓   ↘ **package**   ↓
rucksack **packet**   **baggage claim**

---

                    plastic bag 봉지
                         ↑
        ☐☐☐☐**pack** 책가방   ☐☐☐☐☐**bag** 봉투
            ↑   ↑   ☐☐☐☐**bag** 가방
    ☐☐**ck** 부대 ← ☐☐**ck** 짐을 싸다 ← ☐☐☐**bag** 봉투, 가방 → **bag**☐☐☐☐ 수화물
        ↓   ↓   ↘ **pack**☐☐☐ 여행상품, 포장물   ↓
rucksack 배낭   **pack**☐☐ 소포   **baggage claim** 수화물 수취소

077 **service** 서비스

service 서비스
sur-vis

servant 하인
sur-vuhnt

deserve ~을 받을만하다
dih-**zurv**

serve 섬기다
surv

server 봉사자, 서버
sur-ver

deserver 적격자
dih-**zur**-ver

sert

변형

변형

assert 주장하다
uh-**surt**

insert 삽입하다
in-**surt**

assertion 주장
uh-**sur**-shuhn

assertive 적극적인
uh-**sur**-tiv

insertion 삽입
in-**sur**-shuhn

남을 위해 봉사하고 친절을 베푸는 일인 service는 섬기다, 봉사하다는 뜻의 serve에서 나왔어. service는 남에게 도움을 주는 서비스, 봉사를 뜻하지만 과거에는 태어날 때부터 노예이고 주인에게 묶여 있기에 명령에 무조건 복종하고 따르는 일을 의미했어. 군대에서 하는 병역도 명령에 무조건 따라야 하는 일이기에 military service라고 말하게 된 거야.

serve에서 나온 server는 남을 위해 봉사하는 봉사자와 컴퓨터에 각종 데이터를 제공하는 서버를 뜻해. 남의 집에 매여 허드렛일을 하는 하인인 servant도 serve에서 나왔는데 명령에 절대적으로 복종해야 하기에 생긴 단어야.

serve 앞에 '아래'를 뜻하는 de를 붙인 deserve는 밑에서부터 전력을 기울여 섬겨 공로가 인정되는 ~을 받을만하다는 뜻이고 deserver는 상이나 공로를 받기 합당한 사람을 의미하는 적격자라는 뜻이야.

serve의 분사형인 sert는 지금은 쓰이지 않지만 자신이 섬기는 것이 아닌 섬김을 받아서 어떠한 위치에 놓인 것을 뜻했어. sert 앞에 '방향'을 뜻하는 ad를 붙인 assert는 원래 노예의 상태로부터 자유로워진 상태로 놓인 것을 선포하는 '선포하다'를 의미했고, 이를 통해 현재는 자신의 주장을 상대방이 알 수 있게 선포하는 주장하다, 단언하다를 의미해. 명사로 쓰이는 assertion은 주장이고 형용사 assertive는 자신 있는 행동을 표현하는 적극적인이라는 뜻이야. '안에'를 뜻하는 in을 붙인 insert는 안쪽으로 놓는 것을 의미해서 넣다, 삽입하다라는 뜻이 있고 명사 insertion은 삽입을 뜻해.

078 **bat** 방망이

MP3

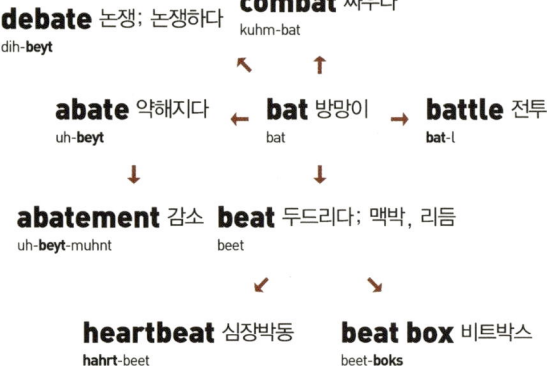

debate 논쟁; 논쟁하다
dih-**beyt**

combat 싸우다
kuhm-bat

abate 약해지다
uh-**beyt**

bat 방망이
bat

battle 전투
bat-l

abatement 감소
uh-**beyt**-muhnt

beat 두드리다; 맥박, 리듬
beet

heartbeat 심장박동
hahrt-beet

beat box 비트박스
beet-**boks**

야구선수들이 공을 치기 위해 휘두르는 방망이가 bat이지. 이 단어가 처음에는 몸을 지탱하기 위해 쓰이는 지팡이라는 뜻과 적으로부터 자신을 보호하기 위해 사용한 몽둥이를 뜻했어. 과거 서양인들은 bat를 지니게 되자 자신을 보호하기보다는 방망이를 휘둘러서 상대방을 부수고 물건을 빼앗기 위해 침략을 하기 시작했어. 이렇게 상대방과 방망이를 들고 싸운다고 해서 전투를 battle이라 부르게 되었고, bat 앞에 '함께'를 뜻하는 com을 붙인 combat은 전투를 치르기 위해 싸움을 벌이는 싸우다를 의미하게 된 거야.

bat에서 파생되어 나온 beat는 동사와 명사로 쓰이는데 먼저 동사로는 방망이를 휘둘러 사람을 치는 두드리다와 상대방을 무너트리는 이기다라는 뜻이 있어. 명사의 뜻은 심장의 박동 덕분에 사람의 몸에 피가 흘러 생기는 주기적인 파동인 맥박과 음악에서 강한 악센트를 내는 리듬을 의미해. 그래서 heartbeat는 심장에서 나는 심장박동이고 beat box는 원래 드럼 소리를 내는 전자기기를 의미하는 단어였지만 현재는 입으로 드럼 소리를 내는 비트박스를 의미하고 있어.

여러 명이 모여 서로 다른 각자의 주장을 말이나 글로 표현하면서 다투는 것을 논쟁이라고 해. 비록 무기를 들고 싸우지는 않지만 마치 전투처럼 서로의 주장을 펼치기 때문에 debate라고 표현하게 되었어. debate에는 서로의 의견을 나누는 토론이나 토의라는 명사 뜻과 논쟁하다, 토론하다라는 동사 뜻이 있어. '사라지다'를 뜻하는 a를 bat에 붙인 abate는 싸움 때문에 힘이 빠지는 약해지다를 뜻하고 명사형 abatement는 힘이 줄어드는 것을 의미하는 감소, 감퇴야.

빈칸에 적절한 뜻과 철자를 넣으세요.

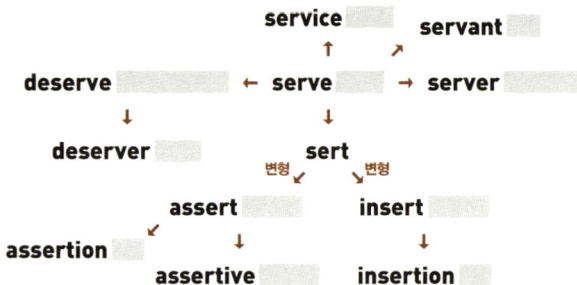

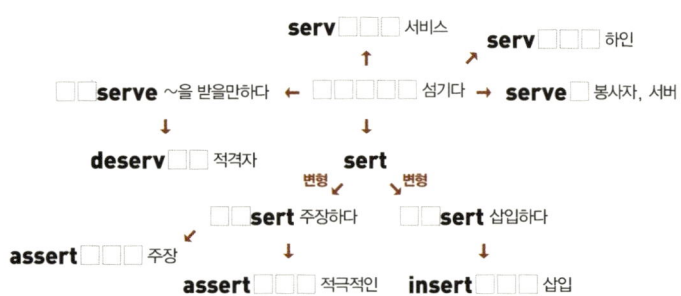

```
                    combat
debate               ↖   ↑
      abate        ← bat      → battle
        ↓                ↓
abatement          beat
                 ↙        ↘
        heartbeat            beat box
```

```
                        □□□bat 싸우다
   □□bat□ 논쟁; 논쟁하다   ↖   ↑
      □bat□ 약해지다  ←  □□□□ 방망이  → bat□□□ 전투
         ↓                ↓
abate□□□□ 감소      b□□t 두드리다; 맥박, 리듬
                     ↙        ↘
        □□□□□beat 심장박동   beat □□□ 비트박스
```

079 **sign** 신호; 서명하다

079 MP3

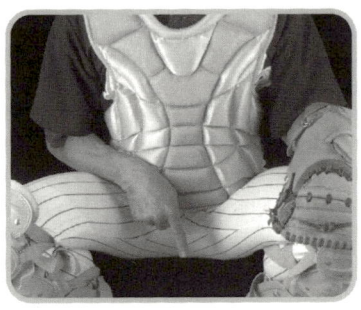

signify 의미하다
sig-nuh-fahy

↗**signification** 의미
sig-nuh-fi-**key**-shuhn

signal 신호
sig-nl

signature 서명
sig-nuh-cher

← **sign** 신호, 서명하다
sahyn

→ **signet** 도장
sig-nit

↓

design 디자인
dih-**zahyn**

→ **designer** 디자이너
dih-**zahy**-ner

야구경기에서 감독은 몸짓과 손짓 등을 이용해 자기 팀 선수들에게 신호를 보내고 그 신호를 받은 선수는 작전을 수행하지. 이렇게 서로가 알수 있게 보내는 표시나 신호를 뜻하는 영단어가 sign이야.

sign은 많은 뜻을 지니고 있지만 쉽게 설명하면 길게 쓴 글이나 말이 아닌 어떠한 암시적인 표시나 기호로 사람에게 전하는 메시지라고 이해하면 돼. 사람에게 메시지를 전하는 표지판과 간판도 sign이고 사고나 범죄가 발생한 장소의 흔적, 무엇이 발생할 것 같은 징후도 sign이야. sign은 동사로도 쓰이는데 서류나 편지에 본인임을 기록하는 서명하다, 사인하다는 뜻이 있고 계약서에 사인하는 계약하다는 뜻이 있어. sign에 et를 붙인 signet은 사람의 이름을 표시해 새겨 넣은 도장이고 뒤에 접미사 al을 붙인 signal은 방송을 통해 보내는 방송전파 신호와 교통을 정리하기 위해 있는 교통 신호로 사용되는 단어야. 그래서 교통신호등을 traffic signals나 traffic light라고 하지.

 위에서 얘기한 영단어 sign은 동사로 사인을 하다는 뜻이고 연예인이나 유명인이 팬들에게 해주는 사인 혹은 신용카드를 사용하고 영수증에 하는 서명 등은 signature라고 해. 동사로 쓰이는 signify는 행동이나 의도 등을 통해 사람들이 알 수 있게 보여주는 나타내다, 의미하다이고 명사인 signification은 의미를 뜻하는 단어야. sign이 무언가를 보내는 신호라면 de를 붙인 design은 생각 속에서 자신이 떠오른 신호를 이용해 그림으로 나타내 구성하는 디자인이고 동사로는 이러한 생각을 통해 그려내는 설계하다, 디자인하다라는 뜻이지. design에서 파생된 designer는 디자인을 하는 사람인 디자이너를 말해.

MP3

captain 선장
kap-tuhn

↑

capable 유능한 ← **cap** 모자, 머리, 최고 변형 **chap** → **chapel** 채플
key-puh-buhl   kap   **chap**-uhl

↓   ↓   ↓

capability 능력   **capitol** 국회의사당   **chapter** 장
key-puh-**bil**-i-tee   **kap**-i-tl   **chap**-ter

↓   ↓

capacity 수용력   **capital** 수도, 대문자
kuh-**pas**-i-tee   **kap**-i-tl

↓

capacitor 축전기
kuh-**pas**-i-ter

고대영어 cap은 사람의 가장 윗부분인 머리를 감쌀 때 쓰는 천이나 헝겊을 의미했어. 현대로 오면서 머리를 덮는 모자와 사람의 머리를 의미하게 되었고 사람의 머리처럼 가장 높은 위치를 말하는 최고를 뜻해. cap에서 파생된 capable은 무엇이든지 최고로 뛰어나게 할 수 있다는 의미의 유능한이고 명사로 만드는 접미사 ity를 붙인 capability는 무엇이든 최고로 발휘할 수 있고 감당할 수 있는 것을 의미하는 능력이라는 뜻이야. capacity는 어떠한 것을 최고의 한도까지 가득 채울 수 있거나 저장할 수 있는 능력을 의미하는 수용력이고 or을 붙인 capacitor는 많은 양의 전기를 모으는 장치인 축전기를 말해.

미국에선 국민을 대표하는 우리나라의 국회의원과 같은 상원의원과 하원의원이 주마다 있어. 국민의 머리인 이들이 모여 회의를 하고 법을 통과시키는 장소인 국회의사당은 capitol이고, 나라의 중심지이고 정치적 활동의 핵심이 되는 장소인 수도를 뜻하는 영단어는 capital이야. capital은 대문자라는 뜻도 있는데 영어로 문장을 적을 때는 첫 글자(머리글자)를 대문자로 적기 때문이야.

가장 높은 자리에 있는 사람을 뜻하는 captain은 배에서 가장 높은 지위를 지닌 선장이나 운동경기에서 선수들을 이끄는 지휘관을 뜻해.

앞에서 car가 프랑스에서 쓰이면서 형태가 char로 바뀌었다고 설명했는데 cap도 프랑스에서는 chap으로 변했고 chap에 ter을 붙인 chapter는 책의 시작을 알리는 장이야. chapel은 교회의 예배당이 아니라 다른 곳에서 예배를 드리는 채플을 뜻하는데 전쟁의 승리를 기념하기 위해 밖에서 머리에 두건을 쓰고 신에게 감사의 예배를 드린 데서 생겨난 단어야.

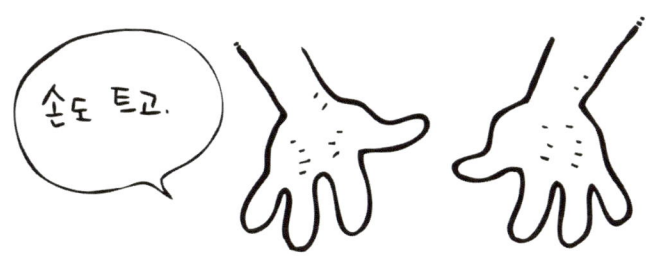

 입술은 사람의 피부 중 가장 약하고 땀이나 기름이 분비되는 피지선이 거의 없어 찬바람이 부는 겨울이 되면 쉽게 트고 갈라지는 부위야. 앞에 잠깐 나온 영단어 chap은 현재는 머리를 뜻하지는 않고, 입술이 트거나 갈라지는 것처럼 무언가에 의해 '잘리거나 부서진 것'을 의미하고 있어.

틀 입술에 바르는 제품으로 유명한 Chap Stick은 막대기(stick)처럼 생긴 입술 크림이야. 참고로 chap에서 나온 chip은 나무, 돌 등을 자르거나 부쉈을 때 나오는 '작은 조각'을 말해. 그래서 '감자를 잘라서 굽거나 튀겨서 만든 과자'는 potato chip이고 도박판에서 현금처럼 사용하는 '칩'도 영어로는 chip이라고 말해.

빈칸에 적절한 뜻과 철자를 넣으세요.

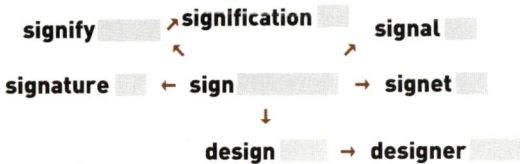

signify   ↗ **signification**   signal

signature   ←   sign   →   signet

                      ↓

             design   →   designer

---

sign☐☐☐ 의미하다   ↗ **signification** 의미   **sign**☐☐ 신호

sign☐☐☐☐☐ 서명   ←   ☐☐☐☐ 신호, 서명하다   →   **sign**☐☐ 도장

                         ↓

           ☐☐**sign** 디자인   →   **design**☐☐ 디자이너

```
                        captain
                           ↑
capable    ←   cap      변형→  chap  →  chapel
   ↓            ↓                ↓
capability   capitol          chapter
   ↓            ↓
capacity     capital
   ↓
capacitor
```

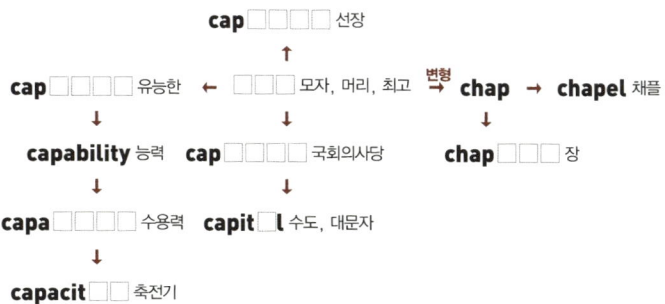

```
                        cap□□□□ 선장
                           ↑
cap□□□□ 유능한  ←  □□□ 모자, 머리, 최고  변형→ chap  →  chapel 채플
   ↓                   ↓                              ↓
capability 능력   cap□□□□ 국회의사당              chap□□□ 장
   ↓                   ↓
capa□□□□ 수용력   capit□l 수도, 대문자
   ↓
capacit□□ 축전기
```

081 **cap 2**

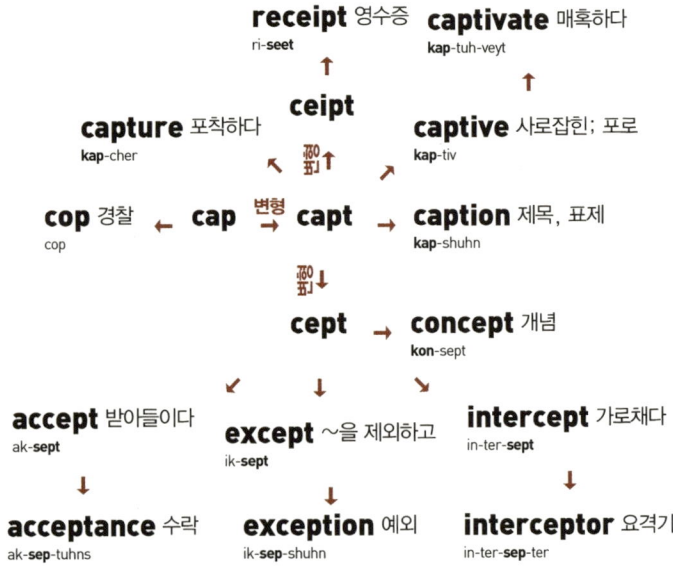

receipt 영수증
ri-**seet**

captivate 매혹하다
kap-tuh-veyt

ceipt

capture 포착하다
kap-cher

captive 사로잡힌; 포로
kap-tiv

cop 경찰
cop

cap

변형
→

capt

caption 제목, 표제
kap-shuhn

cept

concept 개념
kon-sept

accept 받아들이다
ak-**sept**

except ~을 제외하고
ik-**sept**

intercept 가로채다
in-ter-**sept**

acceptance 수락
ak-**sep**-tuhns

exception 예외
ik-**sep**-shuhn

interceptor 요격기
in-ter-**sep**-ter

258

경찰을 뜻하는 cop은 '잡다'를 뜻하던 cap에서 나왔어. cap은 프랑스어로 쓰이게 되면서 철자가 capt로 변형되었어. 이번에는 capt에서 나온 다양한 단어들을 배워보자.

capt에 ion을 붙인 caption은 책 전체의 내용을 한 단어로 붙잡는 제목, 사진이나 그림을 붙잡고 설명하는 표제를 뜻해. 접미사 ure를 붙인 capture는 경찰이 범죄혐의자를 구속하기 위해 붙잡는 체포하다를 뜻하기도 하지만 TV나 모니터의 화면을 정지시켜 정확한 장면을 잡아내기 위한 포착하다라는 의미로 자주 쓰여. captive는 형용사로 사로잡힌, 잡힌 사람을 의미하는 명사로 포로를 뜻해. captive의 동사형 captivate는 사람의 마음을 사로잡는 매혹하다를 뜻해.

과거 서양인들은 capt에 접두사를 붙이면서 cept나 ceipt로 바꿔 사용했어. '방향'을 나타내는 '~에'를 뜻하는 접두사 ad를 붙인 accept는 다른 사람이 주는 의견이나 호의를 거부하지 않고 잡는 받아들이다가 되었고 명사형 acceptance는 받아들이는 것을 의미하는 수락을 뜻하게 되었지. '밖으로'를 뜻하는 ex를 붙인 except는 잡지 않는 것을 뜻해서 전치사로 ~을 제외하고는, 접속사로 ~을 제외하고를 의미해. 명사형 exception은 일반적인 상황을 제외하는 예외이지.

'모두'를 뜻하는 con을 붙인 concept은 모든 것을 생각 속에 잡는다는 의미였고 현재는 어떠한 현상에 대해 이해할 수 있는 기본적인 지식을 잡고 이해하는 개념을 뜻해.

'사이에'를 뜻하는 inter를 붙인 intercept는 상대방의 공을 중간에서 잡아채는 가로채다라는 의미이고 명사형 interceptor는 수송선이나 항공모함에 탑승하고 있는 요격기를 의미하는데 다른 비행기보다 먼저 중간에서 적을 공격하는 비행기를 말하는 거야.

capt가 ceipt로 변화해서 나온 단어는 한 가지 뿐이야. 앞에 '다시'를 뜻하는 re를 붙인 receipt로 물건을 사거나 음식을 계산하고 돌려받게 되는 영수증을 뜻하는데 어떠한 것을 다시 잡을 수 있는 것을 의미하는 데서 나오게 된 단어야.

082 **receive** 받다, 받아들이다

preconceive 예상하다
pree-kuhn-**seev**

↑

conceive 임신하다, 상상하다 → **misconceive** 오해하다
kuhn-**seev**   mis-kuhn-**seev**

↑

receive 받다 ← **ceive** → **deceive** 속이다
ri-**seev**   dih-**seev**

↓   ↓   ↓

receiver 수신기   **perceive** 이해하다   **deceit** 속임수
ri-**see**-ver   per-**seev**   dih-**seet**

↓

misperceive 오해하다
mis-per-**seev**

앞에서 과거 서양인들은 '잡다'를 뜻하는 capt에 접두사를 붙이면서 cept나 ceipt로 바꿔 사용했다고 했지. 이번에 나온 ceive도 마찬가지로 cap에서 나왔고 똑같이 무언가를 '잡다'를 의미해. ceive도 지금은 사용하지 않는 단어이지만 다양한 파생어를 만들어 냈어. 접두사 re를 ceive에 붙인 receive는 re를 '다시'라는 의미로 해석하기보다 자신에게 향하는 방향을 의미하는 것이라고 이해하면 쉬울 거야. 자신에게 오는 것을 잡는다고 해서 받다, 받아들이다를 의미하게 되었고 accept와 동의어로 사용해. 배구에서 상대편의 서브를 받을 때도 리시브한다고 하는데 자신에게 오는 공을 받기 때문에 그래.

er을 붙인 receiver는 무언가를 받는 사물이나 사람을 의미하는데 전화기에서 전파를 통해 소리를 듣는 수화기나 위성으로부터 전파를 받는 수신기를 의미해.

앞에 '전체'를 뜻하는 per을 붙인 perceive는 전체를 잡는다는 의미를 지니는데, 이는 보이지 않는 사람의 생각 속에서 잡는 것을 말해. 무언가를 듣거나 보았을 때 사람이 전체적으로 머릿속에서 잡을 수 있는 것을 의미하여 인지하다, 이해하다를 뜻하게 되었고 앞에 '부정'이나 '반대'를 나타내는 mis를 붙인 misperceive는 잘못된 이해를 뜻하는 오인하다, 오해하다로 쓰이지.

앞에 '아래'를 뜻하는 de를 붙인 deceive는 아래로 잡다는 뜻을 지니고 있어. 여기서 말하는 아래는 한글로 굳이 표현을 한다면 밑바닥이라고 표현할 수 있어. 밑바닥이란 나쁘고 잘못된 것을 의미하는 게 대부분이라, 아무도 모르게 사람들을 잘못된 길로 잡아채는 것을 의미하는 속이다, 기만하다를 뜻하게 되었고 명사로 쓰이는 deceit는 남을 속이는 속임수를 뜻해.

'모두, 함께'를 뜻하는 con을 붙인 conceive는 여성이 아이를 뱃속에서 함께 잡고 있다고 해서 임신하다를 뜻하고, 생각이나 계획 등 모든 것을 머릿속으로 잡는다고 하여 상상하다를 뜻하기도 해. conceive 앞에 '미리'를 뜻하는 pre를 붙인 preconceive는 남보다 먼저 미리 상상한다는 의미로 예상하다, 앞에 '아닌'을 뜻하는 mis를 붙인 misconceive는 misperceive와 똑같이 오해하다라는 뜻이야.

연습하기

빈칸에 적절한 뜻과 철자를 넣으세요.

receipt   captivate

↑

ceipt   ↑

capture   captive

↖ 변형↑ ↗

cop   ← cap 변형→ capt → caption

변형↓

cept → concept

↙   ↓   ↘

accept   except   intercept

↓   ↓

acceptance   exception   interceptor

☐☐ceipt 영수증

↑

capt☐☐☐☐☐ 매혹하다

↑

capt☐☐☐ 포착하다   ceipt   capt☐☐☐ 사로잡힌; 포로

변형↑ ↗

cop 경찰 ← cap 변형→ capt → capt☐☐☐ 제목, 표제

변형↓

cept → ☐☐☐cept 개념

↙   ↓   ↘

☐☐cept 받아들이다 ☐☐cept ~을 제외하고 ☐☐☐☐☐cept 가로채다

↓   ↓   ↓

accept☐☐☐☐ 수락 except☐☐☐ 예외 intercept☐☐ 요격기

262

```
                preconceive
                    ↑
            conceive         →  misconceive
                    ↑
   receive   ←  ceive   →  deceive
      ↓           ↓           ↓
receiver      perceive      deceit
                    ↓
            misperceive
```

```
                ☐☐☐conceive 예상하다
                        ↑
          ☐☐ceive 임신하다, 상상하다  →  ☐☐☐conceive 오해하다
                        ↑
   ☐☐ceive 받다  ←  ceive 잡다  →  ☐☐ceive 속이다
        ↓              ↓              ↓
receive☐ 수신기   ☐☐☐ceive 이해하다  decei☐ 속임수
                        ↓
              ☐☐☐perceive 오해하다
```

083 **get** 얻다, 받다

forgetfulness 건망증
fer-**get**-fuhl-nis

↑

forgetful 건망증이 있는   **together** 함께, 같이
fer-**get**-fuhl   tuh-**geth**-er

↑   ↑

forget 잊다 ← **get** 얻다, 받다 변형 **gether**
fer-**get**   get   **gathering** 모임
                                               gath-er-ing

↓   변형↓ ↗

forgettable 잊기 쉬운   **gather** 모으다 → **foregather** 함께 모이다
fer-**get**-uh-buhl   **gath**-er   fawr-**gath**-er

↓

unforgettable 잊지 못할   **regather** 다시 모으다
uhn-fer-**get**-uh-buhl   ri-**gath**-er

영단어 get은 무엇을 소유하게 되거나 가지게 되는 얻다, 받다를 뜻해. 과거에는 get에서 나온 gether가 존재했었지만 지금은 쓰이지 않고 gether가 gather로 모습이 바뀌었어.

gather는 얻은 것이나 받은 것을 하나하나 쌓아 놓는 모으다는 뜻이고, gathering 은 가족끼리 혹은 사교적으로 모이는 모임을 뜻해. gather 앞에 '다시'를 뜻하 는 re를 붙인 regather는 다시 모으다를 뜻하고, '함께'를 뜻하는 fore를 붙인 foregather는 함께 모이다를 의미해.

 gather의 옛날 모습인 gether 앞에 to를 붙인 together는 얻은 것을 하나 로 모으는 것을 의미하는 부사로 함께, 같이를 뜻해.

get 앞에 '제외'를 뜻하는 접두사 for를 붙인 forget은 자신의 머릿속으로 얻 은 기억이나 생각이 제외된다는(잊어버리는) 잊다이고 뒤에 able을 붙인 형용사 forgettable은 잊기 쉬운이지. forgettable 앞에 '부정'이나 '반대'를 뜻하는 un을 붙인 unforgettable은 잊지 못할인데 이 단어는 유명한 팝송의 제목이기도 해. 미 국의 흑인가수 냇킹콜의 1951년도 히트곡인 Unforgettable은 그가 죽은 후 그의 딸 나탈리 콜이 자신의 목소리를 입혀서 새롭게 듀엣 곡으로 완성한 노래야. 이 노래는 1992년 미국에서 최고의 권위를 자랑하는 그래미상을 휩쓸었고 제목처 럼 많은 사람들이 잊지 못하는 명곡으로 남게 되었지.

forget 뒤에 '가득한'을 뜻하는 ful을 붙인 forgetful은 많은 것을 잊어먹는 건망 증이 있는이란 뜻이고 추상명사로 만든 forgetfulness는 건망증이란 뜻이야.

084 **pass** 지나다, 통과하다

compass 범위, 나침반
kuhm-puhs

passport 여권
pas-pawrt

past 지나간; 과거
past

pacemaker 선두주자
peys-mey-ker

surpass 능가하다
ser-pas

pass 지나다
pas

pace 속도
peys

pacer 보행자
pey-ser

surpassing 빼어난
ser-pas-ing

passage 통로, 악절
pas-ij

passenger 승객
pas-uhn-jer

어떠한 장소를 지나가거나 시험을 통과하는 것을 표현하는 pass는 속도를 의미하는 pace에서 파생된 영단어야.

달리기를 할 때나 일할 때 본인의 페이스를 조절해야 한다고 하는데 그때 말하는 '페이스'가 바로 영단어 pace야. pacer는 알맞은 속도로 걸음을 걷는 보행자를 말해. pacemaker는 심장의 박동 수를 조절하는 심장 조절 장치나 경기에서 가장 빠르게 속도를 조절해 나아가는 선두주자를 뜻해.

pass는 pace에서 나왔기에 걸음을 통해 지나가는 것을 의미하는 동사로 지나다, 통과하다를 뜻하게 됐어. 우리말에서 시험에 합격했을 때 통과했다고 하듯이 영어에서도 pass는 길을 통과할 때도 쓰지만 시험을 통과했을 때도 사용해. pass 뒤에 age를 붙인 passage는 통과할 수 있는 길을 의미하는 통로이고 책에서의 한 구절이나 음악에서의 한 악절이라는 뜻도 지니고 있어. 이러한 뜻은 여러 개의 지나가는 길 중 하나를 통로로 생각했던 것처럼 책에서의 한 부분을 뽑아낸 것을 구절이라 하였고 악보에서 뽑아낸 한 부분을 악절이라고 했기 때문에 생겨난 뜻이야.

여행을 하기 위해 비행기나 배를 타고 가는 사람인 승객을 passenger라고 하는데 그 이유는 출발하는 장소에서부터 여행지까지 지나가는 사람을 의미하기 때문이야. pass에 '항구'를 뜻하는 port를 붙인 passport는 다른 나라의 항구를 통과하기 위해 필요한 여권을 의미하고 pass에서 파생된 past는 지나간 시간을 의미하는 단어로 지나간이란 형용사의 뜻과 과거라는 명사의 뜻을 지니고 있지.

pass 앞에 sur을 붙인 surpass는 최고로 높은 곳까지 지나가는 능가하다, 뛰어넘다이고 형용사로 쓰이는 surpassing은 빼어난, 뛰어난이야. pass 앞에 '모두'를 뜻하는 com을 붙인 compass는 자신이 지나가는 한계 안에 보이는 모든 길을 뜻하여 범위라는 뜻으로 처음 쓰이게 되었고 그 후 자신이 놓여 있는 범위를 알 수 있게 해주는 나침반과 범위를 원으로 그릴 수 있는 제도에서 쓰이는 장비인 컴퍼스를 의미하게 되었어.

빈칸에 적절한 뜻과 철자를 넣으세요.

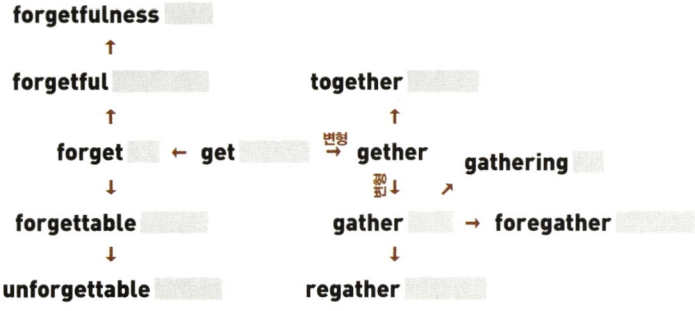

forgetfulness ▢
↑
forgetful ▢   together ▢
↑   ↑
forget ▢ ← get ▢ 변형→ gether
↓   정반대↓   ↗ gathering
forgettable ▢   gather ▢ → foregather ▢
↓   ↓
unforgettable ▢   regather ▢

---

forgetful▢▢▢▢ 건망증
↑
forget▢▢▢ 건망증이 있는   ▢▢gether 함께, 같이
↑   ↑
▢▢▢get 잊다 ← ▢▢▢ 얻다, 받다 변형→ gether   g▢thering 모임
↓   정반대↓   ↗
forget▢▢▢▢ 잊기 쉬운   g▢ther 모으다 → foregather 함께 모이다
↓   ↓
▢▢forgettable 잊지 못할   ▢▢gather 다시 모으다

compass   passport   past   pacemaker

surpass   ←   pass   ←   pace   →   pacer

surpassing   passage   passenger

□□□□**pass**□□□□ 여권   **pas**□ 지나간; 과거

□□□**pass** 범위, 나침반   **pacemaker** 선두주자

□□□**pass** 능가하다 ← □□□□ 지나다 ← **pa**□□ 속도 → **pace**□ 보행자

surpass□□□ 빼어난   **pass**□□□ 통로, 악절   **pass**□□□□□ 승객

269

085 **value** 가치, 평가하다

085
MP3

devaluation 평가절하
dee-val-yoo-**ey**-shuhn

revaluation 재평가
ree-val-yoo-**ey**-shuhn

↑

↑

devalue 평가절하하다
dee-**val**-yoo

revalue 재평가하다
ree-**val**-yoo

↑

valuer 감정인
val-yoo-er

↑

↖

↗

avail 도움이 되다
uh-**veyl**

←

vail 변형 **value** 가치; 평가하다
val-yoo

→

valuate 견적하다
val-yoo-eyt

↙

↓

↘

available 유효한
uh-**vey**-luh-buhl

prevail 널리 퍼지다
pri-**veyl**

valuation 평가
val-yoo-**ey**-shuhn

↓

↓

↘

prevalent 일반적인
prev-uh-luhnt

availability 유효성
uh-**vey**-luh-bil-luh-tee

prevalence 유행
prev-uh-luhns

고대 프랑스어로 '가치'를 뜻한 value는 지금도 그대로 사용되고 있어. 명사로는 원어와 똑같이 경제적이거나 평가적인 가치이고, 동사로는 가격이나 가치를 결정하는 평가하다야. value에서 파생된 valuate는 가격을 매기는 견적하다이고, 명사형 valuation은 평가야. 이렇게 여러 가지 다양한 평가를 하는 사람인 감정인을 valuer라고 해.

value에 접두사를 붙여서 파생된 영단어가 많아. '아래'를 뜻하는 de를 붙인 devalue는 평가를 낮게 매기는 평가절하하다이고 명사형 devaluation은 평가절하야. 앞에 '다시'를 뜻하는 re를 붙인 revalue는 다시 가격을 평가하는 재평가하다이고 revaluation은 재평가이지.

 value에서 나온 vail의 의미는 value와 같은데 더는 쓰이지 않는 영단어야. vail 앞에 a를 붙인 avail은 가치를 지니고 있어 언제나 이익이 되는 도움이 되다를 뜻해. 뒤에 able을 붙인 available은 가치가 있어 언제나 이용이 가능한 이용할 수 있는, 유효한이고, available 뒤에 ity를 붙인 availability는 유효성을 뜻해.

vail 앞에 '앞의, 미리'를 뜻하는 pre를 붙인 prevail은 상대방보다 많은 이득을 먼저 지니고 있어 전쟁에서 이기는 승리하다이고 남보다 앞선 힘이나 권력으로 인해 영향력을 멀리 행사하는 널리 퍼지다는 뜻도 생겼어. 그래서 명사로 쓰이는 prevalence는 영향력이 널리 퍼져 누구나 쉽게 알 수 있게 되는 것을 의미하는 널리 퍼짐, 유행이라는 뜻이고, 형용사로 쓰이는 prevalent는 널리 퍼져 있는, 일반적인이란 뜻이지.

086 **use** 사용, 이용, 소비

uselessly 쓸모없이
yoos-lis-lee

↑

usage 어법   **user** 사용자   **useless** 소용없는
yoo-sij   yoo-zer   yoos-lis

abuse 남용, 학대   ←   **use** 이용, 소비   **useful** 유용한   →   **usefulness** 유용성
uh-**byooz**   yooz   yoos-fuhl   yoos-fuhl-nis

misuse 남용하다   **disuse** 폐지   **usual** 보통의; 늘 하는일   →   **usually** 보통, 대개
mis-**yoos**   dis-**yoos**   yoo-zhoo-uhl   yoo-zhoo-uhl-lee

unusual 특이한, 흔치 않은
uhn-**yoo**-zhoo-uhl

MP3 086

'사용, 이용'을 뜻하는 라틴어 usus가 현대영어로 오면서 use로 변형되었어. use는 원어와 똑같이 어떠한 목적을 위한 사용이나 이용을 뜻하고 더불어서 돈이나 물건 등을 사용하는 소비라는 뜻도 있어.

ful을 붙인 useful은 사용이 가능한 것을 뜻하는 유용한이고, useful 뒤에 ness를 붙인 usefulness는 유용성을 의미해. use 뒤에 '~이 없다'는 뜻의 less를 붙인 useless는 전혀 사용할 수 없음을 뜻하는 소용없는, 쓸모없는이고 부사형 uselessly는 쓸모없이, 무익하게를 말해.

use에 접미사 age를 붙인 usage는 언어에 있어 반복적인 사용을 통해 익숙해지거나 정착되어진 말을 뜻하는 어법이나 용법이고, 접미사 er을 붙인 user는 무언가를 이용하거나 사용하는 사람을 의미해. 그래서 인터넷을 사용하는 사용자를 user라고 하는 거지. 또 원어 usus에서 나온 usual은 일상적으로 반복된 사용이나 소비를 표현한 흔히 하는, 보통의이고 명사로는 늘 하는 일을 뜻해. usual의 부사형 usually는 보통, 대개라는 뜻이고 앞에 '반대'를 뜻하는 un을 붙인 unusual은 특이한, 흔치 않은이지.

use 앞에 '결여된'을 뜻하는 접두사 ab를 붙인 abuse는 자신의 부족함으로 잘못되게 사용을 하는 남용이라는 뜻이 있고 잘못된 방식으로 사람을 다루는 학대라는 뜻도 있어.

앞에 '잘못된'을 뜻하는 mis를 붙인 misuse는 명사로는 남용을 뜻하고 동사로는 남용하다라는 뜻이 있어.

앞에 '부족'이나 '반대'를 뜻하는 dis를 붙인 disuse는 사용을 할 수 없는 폐지나 폐기를 말해.

빈칸에 적절한 뜻과 철자를 넣으세요.

revaluation   **devaluation**
↑   ↑
revalue   **devalue**   **valuer**
↖   ↑   ↗
avail   ←   **vail**   ←^{변형}   **value**   →   **valuate**
↙   ↓   ↘ **valuation**
available   **prevail**   ↘
↓   ↓   **prevalent**
availability   **prevalence**

---

devalu☐☐☐☐☐ 평가절하
revalu☐☐☐☐☐ 재평가
↑   ↑
☐☐**value** 평가절하하다
☐☐**value** 재평가하다   **value**☐ 감정인
☖   ↑   ↗
☐**vail** 도움이 되다 ← **vail** ←^{변형} ☐☐☐☐☐ 가치; 평가하다 → **valuate** 견적하다
↙   ↓   ↘
avail☐☐☐☐ 유효한   ☐☐**vail** 널리 퍼지다   **valuation** 평가
↓   ↓   ↘
availab☐☐☐☐☐☐ 유효성   **prevalen**☐☐ 유행   **prevalen**☐ 일반적인

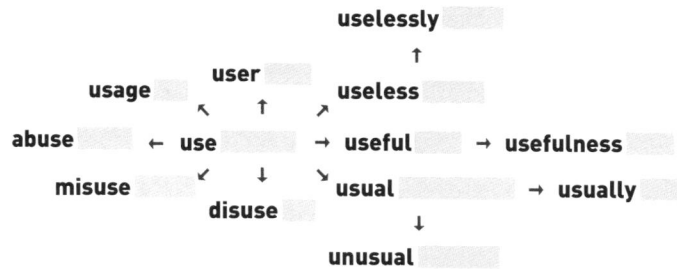

```
                          uselessly
                              ↑
            user          useless
   usage       ↖    ↑    ↗
abuse    ←  use    →  useful  →  usefulness
   misuse      ↙    ↓    ↘
            disuse     usual    →  usually
                          ↓
                       unusual
```

```
                        useless[ ][ ] 쓸모없이
                              ↑
            use[ ] 사용자
   us[ ][ ][ ] 어법      use[ ][ ][ ][ ] 소용없는
        ↖    ↑    ↗
[ ][ ]use 남용, 학대 ← [ ][ ][ ] 이용, 소비 → use[ ][ ][ ] 유용한 → useful[ ][ ][ ][ ] 유용성
   [ ][ ][ ]use 남용하다  ↙  ↓  ↘  us[ ][ ][ ] 보통의; 늘 하는일 → usual[ ][ ] 보통, 대개
            [ ][ ]use 폐지
                              ↓
                       [ ][ ]usual 특이한, 흔치 않은
```

MP3

087 require 필요하다, 요구하다

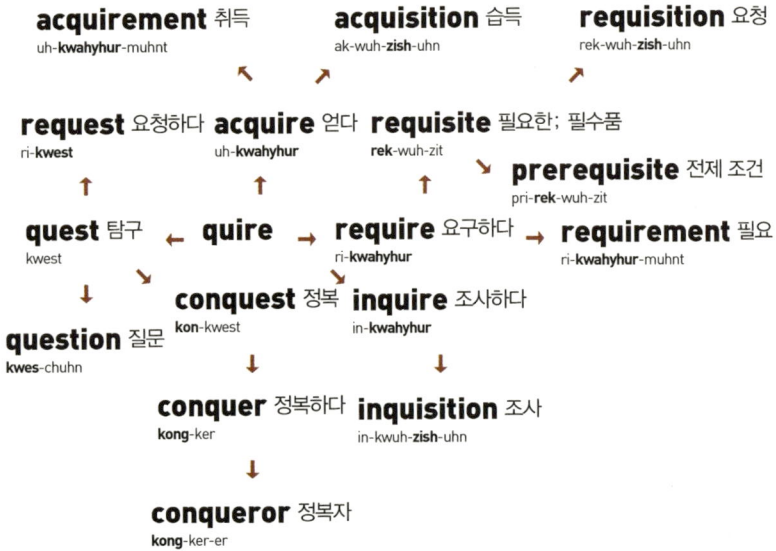

acquirement 취득
uh-**kwahyhur**-muhnt

acquisition 습득
ak-wuh-**zish**-uhn

requisition 요청
rek-wuh-**zish**-uhn

request 요청하다
ri-**kwest**

acquire 얻다
uh-**kwahyhur**

requisite 필요한; 필수품
rek-wuh-zit

prerequisite 전제 조건
pri-**rek**-wuh-zit

quest 탐구
kwest

quire

require 요구하다
ri-**kwahyhur**

requirement 필요
ri-**kwahyhur**-muhnt

question 질문
kwes-chuhn

conquest 정복
kon-kwest

inquire 조사하다
in-**kwahyhur**

conquer 정복하다
kong-ker

inquisition 조사
in-kwuh-**zish**-uhn

conqueror 정복자
kong-ker-er

276

지금은 쓰이지 않는 고전 라틴어 quaere는 무언가를 알기위해 물어보는 '묻다'와 '찾다'를 의미했어. 중기영어에서 quire로 모습이 바뀌게 되었고 다양한 접두사를 붙여서 파생어를 만들었어.

quire 앞에 re를 붙인 require는 자신이 원하는 것을 찾기 위해 계속해서 사람들에게 물어보는 '알아보다'를 뜻하다가 지금은 자신이 원하는 것을 사람들에게 물어 갈망하는 필요하다, 요구하다를 말해. requirement는 필요나 요건을 의미하고 requisite(quire에 있는 r이 sit로 바뀌면서 분사로 사용)는 형용사로 필요한, 명사로 필수품을 말해. requisite에서 파생된 requisition은 자신이 필요한 것을 요구하는 요청이고 앞에 '미리'를 뜻하는 pre를 붙인 prerequisite는 자신에게 필요한 것을 미리 요구하는 전제 조건이야.

quire에 '방향'을 나타내는 ad를 붙인 acquire는 찾아서 얻게 되는 습득하다, 얻다를 의미하고 acquire에서 나온 acquirement는 취득, 습득이야. acquisition은 acquirement와 똑같이 습득을 의미할 뿐만 아니라 기업을 얻게 되는 인수를 뜻해.

in을 붙인 inquire는 답을 얻기 위에 물어보는 묻다, 조사하다이고 명사형인 inquisition은 조사나 심문이야.

quire에서 파생된 quest는 학문적으로 새로운 것을 발견하고 얻기 위해 찾는 탐구, 새로운 세계를 찾아 떠나는 탐험을 뜻해. quest 뒤에 ion을 붙인 question은 모르는 것을 묻는 질문이나 물음이고 앞에 re를 붙인 request는 원하는 것을 찾거나 알기위해 묻는 요청, 요청하다야. 앞에 '모두'를 뜻하는 con을 붙인 conquest는 앞에서 배운 acquire(얻다)의 영향을 받아서 생긴 단어로 전쟁이나 힘을 통해 모든 것을 얻는다고 해서 생긴 정복이야. 동사형 conquer는 정복하다이고, conqueror는 정복을 한 정복자야.

088 **costume** 무대의상

custodian 관리인
kuh-**stoh**-dee-uhn

costumer 의상업자   **customary** 습관적인   **custody** 보호
kos-too-mer   kuhs-tuh-mer-ee   kuhs-tuh-dee

↑   ↗

costume 무대의상 ← **custom** 관습, 습관 → **customer** 고객
kos-toom   kuhs-tuhm   kuhs-tuh-mer

↓

accustom ~에 익숙해지다
uh-**kuhs**-tuhm

↓

disaccustom ~에게 습관을 버리게 하다
dis-uh-**kuhs**-tuhm

custom은 아주 오래전부터 지켜온 반복된 생활 방식을 뜻하는 관습이나 사람이 예전부터 반복적으로 행했던 습관을 의미하는 단어야. 그래서 뒤에 er을 붙인 customer는 물건을 사기위해 반복적으로 자주 상점을 들리는 고객을 의미하고, 뒤에 ary를 붙인 customary는 반복적인 습관을 표현한 관례적인, 습관적인이지. 한자로도 고객(顧客)은 일반적인 물건을 사기 위해 단골로 들리는 손님을 뜻해.

 custom에서 영향을 받아 생긴 custody는 오랫동안 지켜온 관습처럼 어떠한 것을 안전하게 지키는 보호, 보관이고, custodian은 지키거나 관리하는 사람을 의미하는 관리인이야.

애니메이션이나 게임 속 주인공들의 옷차림을 따라서 만들어 입는 것이 costume인데 원래는 과거에 살던 사람들이 항상 입던 옷인 '시대의상'을 의미했어. 그렇지만 이제는 영화나 연극에서의 시대적으로 입는 무대의상이나 사람들이 좋아하는 캐릭터의 모습을 따라 만들어 입는 코스튬을 의미해. 뒤에 er을 붙인 costumer는 이러한 의상을 만들거나 파는 의상업자나 의상담당자를 뜻해.

custom앞에 ad를 붙인 accustom은 반복된 사용으로 이용이 편리한 ~에 익숙해지다, 습관을 들이다이고 앞에 '반대'를 뜻하는 dis를 붙인 disaccustom은 accustom과 정반대인 ~에게 습관을 버리게 하다는 뜻이야.

연습하기

빈칸에 적절한 뜻과 철자를 넣으세요.

acquirement   acquisition   requisition

request   acquire   requisite   → prerequisite

quest   ← quire → require → requirement

question   conquest   inquire → inquisition

conquer → conqueror

---

acquire☐☐☐☐ 취득   acquisition 습득   requisit☐☐☐ 요청

☐☐quest 요청하다   ☐☐quire 얻다   requi☐☐☐☐ 필요한; 필수품

                               prerequisite 전제 조건

quest 탐구   ← quire → ☐☐quire 요구하다 → require☐☐☐☐ 필요

☐☐☐quest 정복   ☐☐quire 조사하다 → inquisition 조사

quest☐☐☐ 질문

conque☐ 정복하다 → conquer☐☐ 정복자

```
                                    custodian
                                        ↑
costumer            customary        custody
   ↑                    ↑           ↗
costume      ←    custom      →    customer
                       ↓
                   accustom
                       ↓
                 disaccustom
```

```
                                    custo□□□□ 관리인
                                        ↑
costume□ 의상업자      custom□□□ 습관적인     custo□□ 보호
   ↑                      ↑           ↗
cost□m□ 무대의상  ←  □□□□□□ 관습, 습관  →  custom□□ 고객
                         ↓
                    □□custom ~에 익숙해지다
                         ↓
                 □□□accustom ~에게 습관을 버리게 하다
```

089 **spring** 봄, 용수철

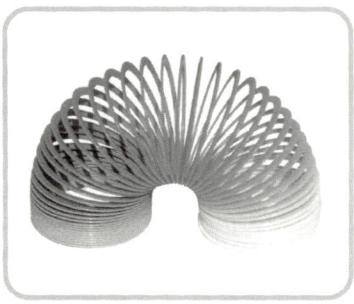

sprint race 단거리 경주
sprint reys

springbok 영양
spring-bok

↑   ↑

sprint 단거리 경기
sprint
←
spring 봄, 용수철
spring
→
springy 탄력이 있는
spring-ee

↓   ↓

sprinter 단거리 선수
sprin-ter

sprinkle 뿌리다
spring-kuhl
→
sprinkler 스프링클러
spring-kler

↓

spray 뿌리다; 분무기
sprey

추운 겨울이 지나 따뜻한 봄이 오면 땅에서 새싹들이 솟구쳐 올라오고 땅속에서 겨울잠을 자던 동물들도 땅을 헤집고 올라오지. 이러한 자연 현상은 예전부터 지금까지 변함없이 일어난 일이고 사람들은 땅속에서 솟아오르는 식물과 동물을 보며 무언가가 솟아오르는 것을 spring이라고 불렀고 그러한 변화가 일어나는 계절인 봄도 spring이라고 불렀어. 철사로 만든 용수철도 땅에서 솟아오르기에 spring이라고 하는 거야. spring에서 파생된 springy는 용수철같이 탄성이 있음을 의미하는 탄력이 있는, springbok은 높이 뛰어다니는 염소처럼 생긴 영양을 말해.

spring에서 파생되어 나온 sprinkle은 뿌리다를 뜻해. 물을 뿌리는 spray도 sprinkle에서 나온 단어이기에 같은 의미로 뿌리다를 뜻하고 명사로는 물보라와 분무기로 쓰여.

곡식을 심고 잘 자라게 하려면 밭에 수시로 물을 뿌려줘야해. 과거에는 인력을 이용해 물을 길어서 일일이 뿌렸지만 현재는 스프링클러를 이용해서 골고루 물을 뿌리지. sprinkler에서 물이 솟기 때문에 농지 뿐 아니라 호텔이나 큰 빌딩 천장에 매달아 놓고 화재를 예비하기도 해.

걸음과 뜀의 차이는 발을 땅을 향해 밟는 것이 걸음이고 하늘을 향해 올리는 것을 뜀이라고 해. 그래서 '뛰다'는 빨리 뛰는 달리기를 뜻하기도 하고 발을 땅에서 높이 올리는 점프를 뜻하기도 하지. 영단어 spring은 위로 점프를 하는 '뛰어오르다'를 뜻하지만 spring에서 파생된 sprint는 짧은 거리를 전속력을 다해 달리는 것을 뜻하는 단어야. 동사 뜻으로는 전력 질주하다, 명사 뜻으로는 단거리 경기, 전력질주를 의미해. 그래서 sprint에서 나온 sprinter는 단거리를 전력을 다해 달리는 단거리 선수를 의미하고 sprint race는 단거리 경주를 뜻하지.

090 **park** 공원; 주차하다

MP3

parkland 대정원
pahrk-land

parkway 공원도로
pahrk-wey

↑   ↗

park 공원; 주차하다 ←
pahrk

↓

parking 주차
par-king

↓

parking lot 주차장
par-king-lot

crossbar 가로대
kraws-bahr

barrier 장애물
bar-ee-er

↑   ↗

bar 막대, 장벽, 술집 →
bahr

↓

bar code 바코드
bahr-kohd

barricade 바리케이드
bar-i-keyd

debar 금하다
dih-bahr

park는 명사로는 공원이고 동사로는 주차하다를 뜻하는데, 전혀 연관성이 없어 보이는 두 가지 뜻을 어떻게 동시에 가지게 된 것인지는 우선 영단어 bar에 관한 이야기부터 시작하면서 알려줄게.

bar는 원래 나무나 쇠로 만든 막대를 의미했는데 나중에는 적들이 쳐들어오지 못하게 막대를 묶어 만든 장벽으로 쓰이기도 했어. 그러다가 종업원이 장벽처럼 생긴 곳(bar)에서 서비스를 제공하는 술집이라는 뜻까지 갖게 되었어. bartender는 bar와 tender의 합성어로 바에서 사람들에게 서비스하는 종업원이고, 바에서 일하는 사람이라고 해서 barman이라고 말하기도 해.

bar에서 나온 barrier는 적의 공격을 막기 위해 설치된 장벽이나 어떤 행동이나 생각을 어렵게 하는 장애물을 뜻하고 barricade는 적의 침입을 막거나 반대세력을 저지하기 위해 임시적으로 설치하는 바리케이드야. 앞에 '가로질러'를 뜻하는 cross를 붙인 crossbar는 축구골대의 가로대이고, '암호'를 뜻하는 code와 합쳐진 bar code는 상품의 가격을 알 수 있는 막대처럼 생긴 바코드를 말해. 앞에 '부정'을 뜻하는 de를 붙인 debar는 넘을 수 없는 것을 의미하는 금하다야.

bar에서 나온 park는 원래 귀족들이 사냥이나 게임을 하기 위해 넓은 숲을 막대로 묶어 거대한 장벽을 두른 장소로 법적으로 귀족들의 소유지였어. 그러한 뜻을 통해, 펜스로 두른 나무나 숲이 있는 공간을 만들어 나라나 시에서 소유하고 보호하는 곳인 공원이 되었고, 나중에는 군인들이 사용하는 대포나 수송수단을 보호하기 위해 펜스로 묶은 장소를 의미하기도 했지.

park는 동사로 대포나 수송수단을 펜스 안에서 정리하는 정리하다를 뜻했는데, 그러다가 자동차를 정리해 선 안에 넣는 주차하다를 뜻하게 됐지. 명사형 parking은 주차이고 '구역'을 뜻하는 lot과 합쳐진 parking lot은 주차장이야. parkland는 나무와 풀이 가득한 큰 저택의 대정원이고 parkway는 공원에 있는 공원도로를 말해.

연습하기

빈칸에 적절한 뜻과 철자를 넣으세요.

```
sprint race              springbok
        ↑                    ↑
   sprint          ← spring          → springy
        ↓                    ↓
  sprinter           sprinkle         → sprinkler
                          ↓
                       spray
```

```
sprint □□□□ 단거리 경주      spring □□□ 영양
         ↑                         ↑
    sprin □ 단거리 경기  ←  □□□□□□ 봄, 용수철  →  spring □ 탄력이 있는
         ↓                         ↓
  sprint □□ 단거리 선수      sprin □□□ 뿌리다  →  sprinkle □ 스프링클러
                                   ↓
                          spr □□ 뿌리다; 분무기
```

parkland ▢▢▢
  ↑   ↗ parkway ▢▢▢   crossbar ▢▢▢
park ▢▢▢▢   ← bar ▢▢▢   ↑   ↗ barrier ▢▢▢
  ↓   → barricade ▢▢▢
parking ▢▢▢   ↓   ↘ debar ▢▢▢
  ↓   bar code ▢▢▢
parking lot ▢▢▢

---

park▢▢▢▢ 대정원   ▢▢▢▢bar 가로대
  ↑   ↗ park▢▢▢ 공원도로   ↑   ↗ bar▢▢▢▢ 장애물
▢▢▢▢ 공원, 주차하다 ← ▢▢▢ 막대, 장벽, 술집 → bar▢▢cade 바리케이드
  ↓   ↓   ↘ ▢▢bar 금하다
park▢▢▢ 주차   bar ▢▢▢▢ 바코드
  ↓
parking ▢▢▢ 주차장

287

091 **part** 부분

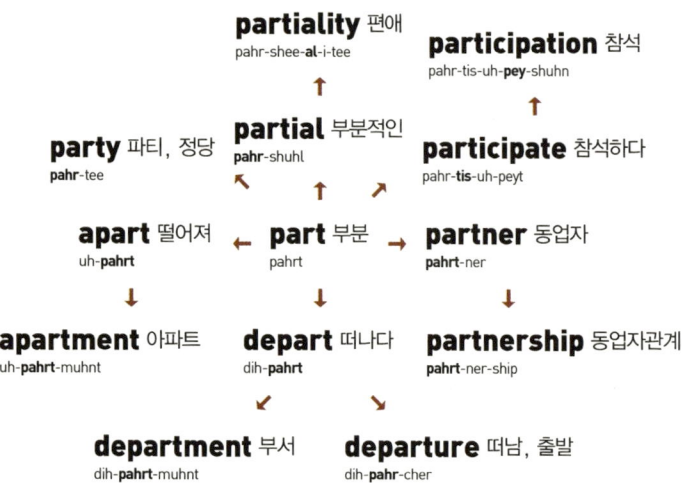

partiality 편애
pahr-shee-**al**-i-tee

participation 참석
pahr-tis-uh-**pey**-shuhn

↑

↑

party 파티, 정당
pahr-tee

partial 부분적인
pahr-shuhl

participate 참석하다
pahr-**tis**-uh-peyt

↖   ↑   ↗

apart 떨어져
uh-**pahrt**

← **part** 부분 →
pahrt

partner 동업자
pahrt-ner

↓

↓

↓

apartment 아파트
uh-**pahrt**-muhnt

depart 떠나다
dih-**pahrt**

partnership 동업자관계
pahrt-ner-ship

↙   ↘

department 부서
dih-**pahrt**-muhnt

departure 떠남, 출발
dih-**pahr**-cher

'부분'을 뜻하는 영단어 part는 거의 한글처럼 사용하고 있는 단어라서 익숙할 거야. 예를 들면, 음악에서 파트는 자신이 맡은 부분인 역할을 의미하고, 회사에서 일할 때 자신이 속한 파트도 마찬가지로 자신에게 주어진 부분적인 일을 의미하지.

part는 무엇을 몇 개로 나눈 것의 한 부분을 뜻한다고 생각하면 이해가 쉬울 거야. 그래서 partial은 부분적이고, partial 뒤에 ity를 붙인 partiality는 한 사람이나 한쪽만을 선호하고 좋아하는 편애를 뜻해. part에서 파생된 partner는 자신이 가지고 있는 part(부분)를 함께 나누는 동업자이고 partnership은 회사끼리 서로의 이익을 위해 관계를 맺는 동업자관계라는 뜻이야.

party는 친목을 도모하기 위해 많은 사람이 멋진 옷을 입고 함께 어울리는 자리지만 그 자리에 참석할 수 있는 사람들은 오직 초대받은 사람들(부분)이기 때문에 초대받은 사람만이 올 수 있고 즐길 수 있다는 의미에서 파티가 되었어. 또한, 서로 좋아하고 친한 사람끼리 서로 어울려 하나의 단체(부분)를 구성한다는 데서 정당이라는 뜻도 나왔어. 그래서 미국에서 가장 큰 주요정당들인 '민주당'을 the Democratic Party, '공화당'을 the Republican Party라 하는 거야.

parti(부분)+cip(cap 잡다)+ate(동사로 만드는 접미사)로 구성된 participate는 자신에게 필요한 부분을 얻거나 나누기 위해 참여하는 참석하다이고 ion을 붙인 명사형 participation은 참석이야.

part 앞에 '떨어져'를 뜻하는 a를 붙인 apart는 부분을 멀리 떨어뜨리는 의미의 부사로 떨어져, 따로를 뜻하고, apartment는 사람이 사는 장소를 나누는 아파트를 의미해. 앞에 de를 붙인 depart는 자신이 속한 곳에서 다른 사람들과 분리되는 '나누다'라는 뜻이 있었지만 지금은 자신이 속한 곳에서 분리되어 떠나가는 떠나다, 그만두다를 뜻해. department는 직장이나 학교에서 분리된 부서이고 departure는 떠남, 출발이야.

092 **case** 상자

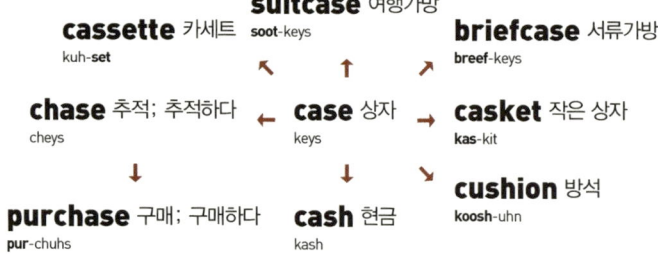

suitcase 여행가방
soot-keys

cassette 카세트
kuh-**set**

briefcase 서류가방
breef-keys

chase 추적; 추적하다
cheys

case 상자
keys

casket 작은 상자
kas-kit

purchase 구매; 구매하다
pur-chuhs

cash 현금
kash

cushion 방석
koosh-uhn

영단어 case는 같은 철자를 지녔지만 뜻이 전혀 다른 두 가지가 있어. 이번에 배울 case는 물건을 담을 수 있는 상자라는 뜻을 지닌 단어야. 원래 이 단어는 무언가를 '잡다, 담다'는 뜻으로 쓰였는데 나중에 물건을 담을 수 있는 상자를 뜻하게 되었어. 앞에 '옷'이나 '정장'을 의미하는 suit를 붙인 suitcase는 여행 갈 때 사용하는 여행가방이고, '가벼운, 간결한'이란 의미가 있는 brief를 붙인 briefcase는 가벼운 서류를 넣을 수 있는 서류가방을 말해. case에서 나온 casket는 귀중품을 담는 작은 상자이고, 시체를 담는 관을 의미하기도 하지. 음악을 듣는 '카세트테이프'도 case에서 나온 cassette(카세트)와 녹음을 기록하는 tape(테이프)가 합쳐진 cassette tape인데 노래를 기록한 테이프를 상자 안에 담았다는 의미에서 생겨난 표현이야.

일반적인 '돈'을 money라고 하고 곧바로 쓸 수 있는 돈인 현금을 cash라고 하는데, 과거에는 지갑이 없었기에 돈을 들고 다닐 때 조그만 상자에 넣어서 다녔어. 그렇게 돈을 언제나 쓸 수 있도록 들고 다닌 상자를 cash라고 불렀어. 하지만 지금은 cash가 당장 쓸 수 있도록 보유하고 있는 현금을 뜻해. 충격을 완화하고 몸을 쉴 수 있도록 기대는 cushion도 case에서 파생한 단어야. 과거에는 실크나 면으로 상자 형태를 만들고 솜이나 푹신한 것 등으로 채운 cushion을 왕이나 귀족들이 편히 앉을 수 있는 방석이나 등받이로 사용했기 때문에 생겨난 단어야.

case는 프랑스로 가면서 chase가 되었고 case와 똑같이 '잡다'를 의미했어. chase가 다시 영어로 오면서 무엇을 잡으려고 뒤에서 쫓는 동사로 뒤쫓다, 추적하다, 명사로는 추적, 추격을 뜻하게 되었어. 앞에 pur을 붙인 purchase는 원래 자신이 원하는 것을 잡는 '획득'을 뜻했는데 지금은 자신의 돈을 통해 원하는 것을 잡게 되고 사게 되는 구매, 구매하다를 의미해.

partiality [   ]　　**participation** [   ]
↑　　　　　　　↑
partial [   ]　　**participate** [   ]
party [   ]　↖　↑　↗　
apart [   ]　←　**part**　→　**partner** [   ]
↓　　　　↓　　　　↓
apartment [   ]　　**depart** [   ]　　**partnership** [   ]
↙　　　↘
department [   ]　　**departure** [   ]

---

partial□□□ 편애
↑
participat□□□ 참석
part□□□ 부분적인　　　　↑
part□ 파티, 정당　↖　↑　↗　**part**□□□□□□ 참석하다
□**part** 떨어져　←　□□□□ 부분　→　**part**□□□ 동업자
↓　　　　↓　　　　↓
apart□□□□ 아파트　　□□**part** 떠나다　　**partner**□□□□ 동업자관계
↙　　　↘
depart□□□□ 부서　　**depart**□□□ 떠남, 출발

292

```
             suitcase
cassette  ⬉    ↑    ⬈  briefcase
chase      ←  case   →  casket
       ↓          ↓    ⬊
purchase        cash     cushion
```

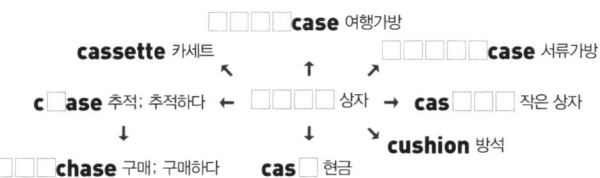

```
                    □□□□case 여행가방
     cassette 카세트       □□□□□case 서류가방
                    ⬉    ↑    ⬈
c□ase 추적; 추적하다  ←  □□□□ 상자  →  cas□□□ 작은 상자
             ↓          ↓    ⬊
□□□chase 구매; 구매하다   cas□ 현금   cushion 방석
```

093 MP3

role model 역할 모델
rohl-**mod**-l

↑

role 역할   **controller** 제어장치
rohl   kuhn-**troh**-ler

↑   ↑

roller 롤러 ← **roll** 통 → **control** 통제; 통제하다
roh-ler   rohl   kuhn-**trohl**

↓   ↓   ↘

roller skate 롤러스케이트   **scroll** 스크롤   **enroll** 등록하다
roh-ler-skeyt   skrohl   en-**rohl**

↓

enrollment 등록
en-**rohl**-muhnt

영단어 roll은 원래 양피지나 종이에 역사적인 기록을 남긴 후 보관하기 위한 둥글게 말은 통을 의미했어. 옛날에는 노트가 없어서 한 통에 하나씩 역사적으로 중요한 사건이나 인물을 따로 기록했거든. 둥글게 말은 통을 의미하는 롤은 필름이나 두루마리 휴지 등을 세는 단위로도 사용되고 있어.

영화나 연극에서 쓰이는 배역이나 역할을 뜻하는 role도 roll에서 파생되었는데 연기자들이 각각의 중요한 사건이나 인물을 연기하는 것을 의미해. role model 은 사람들에게 본보기가 되는 모범적인 삶을 사는 역할 모델을 뜻하지.

페인트를 칠할 때 사용하는 도구로 원통이 돌아가는 롤러가 있는데 roll에 er을 붙여서 roller가 된 거야. 아이들이 즐겨 타는 롤러스케이트도 바퀴가 돌아가면서 앞으로 나아가는 roller skate를 말해.

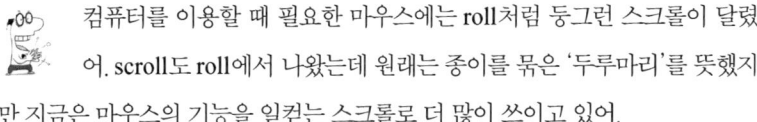 컴퓨터를 이용할 때 필요한 마우스에는 roll처럼 둥그런 스크롤이 달렸어. scroll도 roll에서 나왔는데 원래는 종이를 묶은 '두루마리'를 뜻했지만 지금은 마우스의 기능을 일컫는 스크롤로 더 많이 쓰이고 있어.

roll 앞에 '안에'를 뜻하는 en을 붙인 enroll(영국에서는 enrol로 표기)은 학교나 수업에 이름을 기록하는 등록하다를 뜻해. 과거에 종이에 기록을 남기는 데서 파생되어 나온 뜻이고 뒤에 ment를 붙인 enrollment는 등록이지.

control은 contra와 roll이 합쳐진 단어로 과거에 종이에 기록된 역사가 정확하게 작성되어 있는지를 규정하는 통제하다, 제어하다는 동사의 뜻과 통제, 지배라는 명사 뜻이 있지. 여기서 파생된 controller는 관리하는 관리자나 기계들을 제어하는 제어장치를 말해.

094 **garden** 정원

gardening 원예
gahrd-ning

↑

garden 정원 → **gardener** 정원사
gahr-dn   **gahrd**-ner

↑

gard 변형← **yard** 뜰, 마당 → **backyard** 뒤뜰
                yahrd   **bak**-yahrd

↳ **courtyard** 마당
kawrt-yahrd

↓

gird 둘러싸다 → **girdle** 거들
gurd   **gur**-dl

↓

girder 대들보
gur-der

미국은 땅이 넓고 자원도 풍부하여 전 세계에서 가장 부유한 나라 중 하나야. 그래서인지 개인 소유의 저택이 많아. 이러한 집을 둘러싸는 풀이 있는 마당과 뜰은 사유지에 속하기 때문에 담을 세워 놓기도 하지. yard는 뜰과 마당이라는 뜻으로 쓰이는 영단어야. 앞에 '뒤'를 뜻하는 back을 붙인 backyard는 뒤에 있는 뜰인 뒤뜰을 의미하고, '궁전'을 뜻하는 court와 합쳐진 courtyard는 큰 저택이나 빌딩에 있는 큰 마당이나 뜰을 말하지.

과거 서양언어의 대부분이 알파벳을 이용해 표기하였지만, 철자를 사용하는 데는 나라마다 조금씩 달랐기 때문에 y를 g로 사용하는 경우가 많았어. 그래서 yard가 gard로 변화되었고 gard에서 garden이 나오게 되었어. garden은 일반적인 뜰과 달리 꽃이나 나무를 심고 과일과 야채를 기르는 잘 꾸며진 정원을 일컫는 단어야. 뒤에 ing를 붙인 gardening은 나무나 꽃을 가꾸는 원예를 뜻하고, 정원을 가꾸기 위해 일하는 사람인 정원사를 gardener라고 말해. gard는 원래 yard를 뜻하는 단어이기에 집을 둘러싸고 있는 장소를 의미하는 단어야. gard의 뜻을 통해서 파생한 gird는 둘러싸는 공간이 집은 아니라 일반적인 사물을 두르는 둘러싸다, 매다는 뜻으로 쓰이는 단어이지. 그래서 뒤에 le를 붙인 girdle은 여성의 허리를 두르는 여성용 속옷인 거들을 말하고, er을 붙인 girder는 다리나 건물의 중간에 둘러서 무게를 받치는 대들보를 말해.

연습하기

빈칸에 적절한 뜻과 철자를 넣으세요.

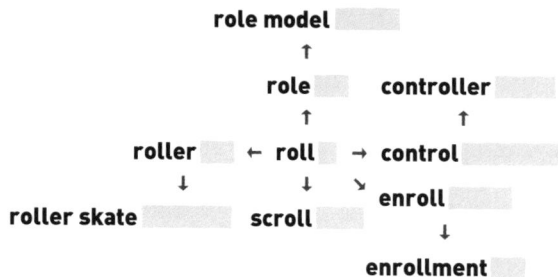

```
                    role model
                        ↑
               role          controller
                 ↑              ↑
    roller    ←  roll   →   control
      ↓           ↓    ↘
 roller skate      scroll    enroll
                              ↓
                        enrollment
```

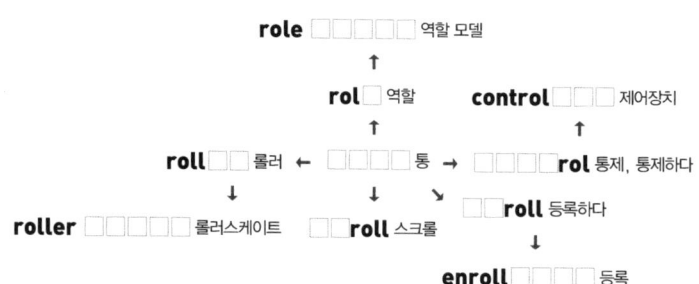

```
          role □□□□□ 역할 모델
                 ↑
          rol□ 역할        control□□□ 제어장치
            ↑                  ↑
roll□□ 롤러  ←  □□□□ 통  →  □□□rol 통제, 통제하다
   ↓          ↓    ↘
roller □□□□□ 롤러스케이트  □□roll 스크롤  □□roll 등록하다
                                        ↓
                                enroll□□□ 등록
```

298

```
                    gardening
                        ↑
        garden      →  gardener
           ↑
                변형
         gard   ←  yard      →  backyard
           ↓                  ↘ courtyard
        gird       →  girdle
           ↓
        girder
```

```
        garden□□□ 원예
              ↑
        gard□□ 정원  →  garden□□ 정원사
           ↑
                변형
         gard   ←  □□□□ 뜰, 마당 →  □□□□yard 뒤뜰
           ↓                     ↘ □□□□□yard 마당
        g□rd 둘러싸다  →  gird□□ 거들
           ↓
        gird□□ 대들보
```

095 **green** 초록색

greenhouse 온실
green-hous

grassland 초원
gras-land

grower 재배자
groh-er

↑ ↑ ↑

greenish 녹색을 띤
gree-nish

← **green** 초록색
green

← **grass** 잔디
gras

→ **grow** 성장하다
groh

greenery 녹색 나뭇잎
gree-nuh-ree

↓ ↓ ↓

evergreen 상록수
ev-er-green

grasshopper 메뚜기
gras-hop-er

growth 성장
grohth

과거 서양인들은 조그만 풀이나 잔디를 grass라 불렀고 그것이 자라는 것을 보며 grow라고 말했어. 그러면서 풀이나 잔디의 색깔을 grass에서 나온 초록색을 뜻하는 green이라고 부르게 된 거지. 이러한 생각은 동양과 서양이 같아서 초록을 뜻하는 한자어 草綠도 '풀 초'와 '푸를 록'으로 풀의 빛깔처럼 푸른색을 약간 띤 녹색을 의미해.

grass에 '뛰는 생물'을 의미하는 hopper를 붙인 grasshopper는 풀이나 잔디를 뛰어다니는 초록색 곤충 메뚜기를 의미하고 land를 붙인 grassland는 초록색을 띤 초원을 말하는 거야.

 식물이 자라는 것을 나타내기 위해 생긴 동사 grow는 식물뿐만 아니라 사람이나 사물이 자라는 것을 표현할 때도 사용하게 되었고 성장하다, 커지다라는 뜻을 가지게 되었어. grow에서 나온 grower는 과일이나 야채 등을 자라게 하는 재배자이고 뒤에 명사로 만드는 th를 붙인 growth는 성장을 뜻해.

green에서 파생된 단어를 보면, greenish는 녹색을 표현한 형용사 녹색을 띤이라는 뜻이고 greenery는 초록색을 띤 나뭇잎인 녹색 나뭇잎을 말해. 앞에 '언제나, 항상'이라는 뜻을 지닌 ever를 붙인 evergreen은 계절에 상관없이 늘 초록색 잎을 지니고 있는 나무인 상록수를 말하고 뒤에 house를 붙인 greenhouse는 온도와 습도 등을 조절하여 식물을 자유롭게 재배하는 장소인 온실이야.

communication 통신
kuh-myoo-ni-**key**-shuhn

↑

communicate 전달하다
kuh-**myoo**-ni-keyt

commonly 보통
kom-uhn-lee

uncommonly 드물게
uhn-**kom**-uhn-lee

↑

common 보통의
kom-uhn

→

uncommon 드문
uhn-**kom**-uhn

↑

↑

community 공동체
kuh-**myoo**-ni-tee

← **commun** ← **munis**

communism 공산주의
kom-yuh-niz-uhm

communist 공산주의자
kom-yuh-nist

immune 면역성이 있는
ih-**myoon**

↓

↓

anticommunism 반공주의
an-tahy-**kom**-yuh-niz-uhm

anticommuniststst 반공주의자
an-tahy-**kom**-yuh-nist

immunity 면역력
ih-**myoo**-ni-tee

현대영어 common은 '함께를 뜻하는 접두사 com과 지금은 사용하지 않는 '묶인'을 뜻하는 munis가 합쳐지면서 생겨난 단어야. 처음에는 commun으로 사용되다가 현재의 common이 되었고 모든 사람이 보편적으로 함께 속한 것을 표현하는 형용사로 보통의, 흔한, 공통의를 뜻해. 뒤에 ly를 붙인 부사 commonly는 보통, 흔히를 뜻하고 앞에 '부정'을 나타내는 un을 붙인 uncommon은 드물고 부사형 uncommonly는 드물게라는 뜻이 있어.

원어 commun에 접미사 ity를 붙인 community는 어느 누구나 공통으로 평등한 권리를 지니고 살아가는 공동체나 공동사회를 말해.

commun 뒤에 ism을 붙인 communism은 개인의 사유재산을 철폐하고 누구나 공통된 삶과 같은 이익을 누리는 제도인 공산주의를 의미하고, 뒤에 ist를 붙인 communist는 공산주의 산하 아래서 일을 하는 공산당원이나 공산주의를 지지하는 공산주의자를 뜻해. communism 앞에 '반대'를 나타내는 anti를 붙인 anticommunism은 공산주의를 반대하는 정치이념인 반공주의이고 anticommunist는 반공주의자를 의미하지.

common에서 나온 communicate는 함께 묶일 수 있게 소식을 상대방에게 나누는 전달하다는 뜻이고, communication은 전화나 통신수단을 이용해 상대방에게 소식을 전하는 통신이나 통화라는 뜻이야.

원어 munis 앞에 '부정'을 나타내는 im을 붙인 immune은 묶인 것이 아니라 자유로워진 것을 뜻해서 질병으로부터 자유로워진 면역성이 있는, 세금이나 어떠한 것으로부터 자유로워진 면제된이라는 의미야. immunity는 외부에서 들어오는 병균에 저항하는 힘인 면역력과 책임과 의무가 제외되는 면제를 뜻해.

연습하기

빈칸에 적절한 뜻과 철자를 넣으세요.

<pre>
                greenhouse   grassland   grower
                     ↑   ↑   ↑
greenish   ←   green   ←   grass   →   grow
greenery   ↙   ↓   ↓   ↓
              evergreen   grasshopper   growth
</pre>

<pre>
          green□□□□□ 온실   grass□□□□ 초원   grow□□ 재배자
                      ↑   ↑   ↑
green□□□ 녹색을 띤 ← □□□□□ 초록색 ← grass 잔디 → gr□□ 성장하다
green□□□ 녹색 나뭇잎 ↙   ↓   ↓   ↓
          □□□□green 상록수 grass□□□□□□ 메뚜기   grow□□ 성장
</pre>

304

commonly   uncommonly
↑   ↑

communication
↑
     common → uncommon
communicate   ↖   ↑

community ← commun ← munis
communism   ↙   ↓   ↘ immune
↓   communist   ↓
anticommunism   ↓   immunity
      anticommunist

---

common□□ 보통   uncommon□□ 드물게
↑   ↑

communicat□□□ 통신
↑
comm□n 보통의 → □□common 드문
communi□□□□ 전달하다   ↖   ↑

commun□□□ 공동체 ← commun ← munis
commun□□□ 공산주의   ↙   ↓   ↘ immune 면역성이 있는
↓   commun□□□ 공산당원   ↓
□□□□communism 반공주의   ↓   immunity 면역력
      □□□□communist 반공주의자

097 **temptation** 유혹

MP3

temptation 유혹
temp-**tey**-shuhn

temptress 유혹하는 여자
temp-tris

↑

↑

attempt 시도; 시도하다
uh-**tempt**

← **tempt** 유혹하다 →
tempt

tempter 유혹하는 사람
temp-ter

↓

↓

reattempt 재차 시도하다
ri-uh-**tempt**

contempt 경멸, 멸시
kuhn-**tempt**

→ **contemptuous** 경멸하는
kuhn-**temp**-choo-uhs

↓

↘

contemptible 경멸할 만한
kuhn-**temp**-tuh-buhl

contemn 경멸하다
kuhn-**tem**

영단어 tempt는 무언가를 통해 사람의 마음을 움직여 시험해 보는 유혹하다, 유도하다는 뜻으로 쓰이는 단어야.

tempt에서 나온 tempter는 유혹하는 사람이나 사람의 마음을 악한 쪽으로 유혹하는 악마를 뜻하고, 뒤에 '여성'을 뜻하는 ess를 붙인 temptress는 남성의 마음을 빼앗는 유혹하는 여자를 의미해.

tempt에서 나온 temptation은 사람의 마음을 끌어당기는 유혹인데 이 단어가 영어로 처음 사용된 것은 성경의 기록을 통해서야. 예수가 광야에서 40일 동안 금식하며 기도할 때 사탄이 예수를 시험하는 '유혹'을 뜻하는 단어였는데 이 단어가 역사를 거쳐 현재까지 쓰이게 된 것이지.

 앞에 '방향'을 뜻하는 ad를 붙인 attempt는 무언가를 유도하거나 유혹하기 위해 계획하거나 행동하는 시도, 시도하다는 뜻이고 앞에 re를 붙인 reattempt는 재차 시도하다는 뜻이야.

앞에 con을 붙인 contempt는 유혹하는 상대가 자신보다 약하고 낮다고 여겨 무시하는 경멸, 멸시이고 contempt에서 파생된 동사 contemn은 경멸하다는 의미로 쓰이지. contempt에 '가득한'을 뜻하는 접미사 ous를 붙인 contemptuous는 경멸하는 것을 표현한 형용사로 경멸하는을 뜻하고 뒤에 '할 수 있는'을 뜻하는 able을 붙인 contemptible은 경멸할 만한이라는 의미를 지니고 있어.

098 **vacation** 휴가, 방학

summer vacation 여름방학
suhm-er-vey-**key**-shuhn

↑   ↗

vacationer 피서객
vey-**key**-shuh-ner

vacation 휴가, 방학   →   **vacationland** 휴양지
vey-**key**-shuhn   vey-**key**-shuhn-land

↑

vacate 비우다 ← **vac** → **vacuum** 진공청소기
vey-keyt   **vak**-yoom

vacant 비어 있는 ↙ ↓
vey-kuhnt

vacancy 공석, 빈 방
vey-kuhn-see

학생들이 가장 기대하는 날은 학기 중에 쉴 수 있는 방학이고 직장인이 좋아하는 날은 휴가일 거야. 이번에는 이러한 방학이나 휴가를 의미하는 vacation이 어떻게 나오게 되었는지 알아보자.

무언가 비어 있는 상태나 자유로운 상태를 뜻하는 vac은 더는 쓰이지 않지만 다양한 파생어를 만들어냈어. vac 뒤에 접미사 ate를 붙인 vacate는 남을 위해 자리를 비워주는 비우다를 의미해. 앞에서 얘기한 vacation은 직장생활 가운데 비어 있고 자유로운 시간이라 하여 휴가라는 뜻을 지니게 되었고 학기 중에 자유로운 시간인 방학을 뜻하게 되었지. 휴가라는 뜻을 통해 나온 vacationland는 휴양지이고 vacationer는 휴양하는 피서객을 말해.

 미국의 학교는 한국과 체계가 달라서 대부분 8월 말이나 9월 초에 학년을 시작해. 그래서 summer vacation은 학년이 끝나고 다음 학년을 대비하는 자유로운 시간인 여름방학을 말하는 거야.

원어 vac에 형용사로 만드는 ant를 붙인 vacant는 아무것도 없음을 표현하는 비어 있는, 명사로 만드는 ancy를 붙인 vacancy는 비어 있는 자리를 뜻하는 공석, 호텔이나 숙소의 빈 방을 의미하지.

원어 vac에서 나온 vacuum은 물질이 전혀 존재하지 않는 공간인 진공을 뜻하는 영단어인데 방안에 있는 먼지나 티끌을 깨끗이 청소하는 진공청소기를 뜻하는 말로도 많이 사용되고 있어.

                    temptation   **temptress**
                         ↑   ↑
    attempt   ← **tempt** → **tempter**
        ↓   ↓
reattempt   **contempt** → **contemptuous**
                         ↓   ↘
                    contemn   **contemptible**

---

            tempt[   ] 유혹 **tempt**[   ] 유혹하는 여자
                         ↑   ↑
[ ]**tempt** 시도; 시도하다 ← **tempt** 유혹하다 → **tempt**[ ] 유혹하는 사람
        ↓   ↓
[ ]**attempt** 재차 시도하다   [   ]**tempt** 경멸, 멸시 → **contempt**[   ] 경멸하는
                         ↓   ↘
                    contem[ ] 경멸하다   **contempt**[   ] 경멸할 만한

summer vacation
      ↑   ↗ **vacationer**
vacation   → **vacationland**
      ↑
   vacate   ← **vac** → **vacuum**
vacant   ↙ ↓
            vacancy

☐☐☐☐☐☐**vacation** 여름방학
      ↑   ↗ **vacation**☐☐ 피서객
vacation 휴가, 방학 → **vacation**☐☐☐☐ 휴양지
      ↑
vac☐☐☐ 비우다 ← **vac** → **vac**☐☐☐ 진공청소기
vac☐☐☐ 비어 있는 ↙ ↓
           vac☐☐☐☐ 공석, 빈 방

099 **lie** 눕다, 놓여 있다

ally 동맹국, 협력자 → **alliance** 동맹
al-ahy   uh-**lahy**-uhns

↑

allay 가라앉히다
uh-**ley**

delay 지연시키다; 지연   **layer** 층
dih-**ley**   **ley**-er

lazy 게으른 ← **lay** 놓다 ← **lag** ← **liga**
ley-zee   ley   변형

↓   ↘

lazily 게으르게   **laze** 게으름 피우다   **lie** 눕다, 놓여 있다
ley-zee-lee   leyz   lahy

고대 프리지아어 liga는 잠을 자기 위해 사람이 몸을 눕히는 '눕다'를 뜻했어. 여기서 파생된 lie는 사람이나 동물이 몸을 눕는 눕다이고, 사물에 쓰일 때는 물건이 눕혀 있는 것을 의미하는 놓여 있다를 의미해.

원어 liga에서 나온 단어 중에 지금은 쓰지 않는 lag은 현대영어로 오면서 lay가 되었어. 오래전 서양에서 쓰던 알파벳 g를 다른 나라에서는 y로 표기하는 경우가 많았기 때문에 이런 변화가 생긴 거야. lay는 무언가를 아래 놓을 때 쓰는 놓다는 뜻이고 뒤에 er을 붙인 layer는 모래와 돌 등이 하나하나 놓인 후 쌓여 만들어진 층을 의미하는 단어야.

 앞에 '멀리'를 뜻하는 de를 붙인 delay는 정해진 시간에 자신을 약속된 장소에 놓지 못한 지연시키다, 연기하다는 뜻으로 쓰이는 단어이고 명사로는 지연, 연기를 뜻해.

앞에 ad를 붙인 allay는 자신이 가진 감정을 밑으로 내려놓는 가라앉히다라는 의미야. '가라앉히다'를 뜻하는 allay와 비록 철자는 똑같지만 뜻은 전혀 다른 영단어가 있어. 하나로 엮는 '결합하다'를 뜻하는 allay가 그것인데 지금은 '결합하다'를 뜻하는 allay는 거의 쓰이지 않지만 이 단어에서 나온 파생어 중에 동맹국이나 협력자를 뜻하는 ally와 동맹을 뜻하는 alliance는 자주 사용되는 단어이니 꼭 기억해둬.

lay에서 나온 lazy는 아무것도 하지 않고 늘 누워있는 사람의 성질을 표현한 게 으른이고. 뒤에 ly를 붙인 부사 lazily는 게으르게라는 뜻이지. 동사형 laze는 게으름 피우다라는 뜻이 있어.

MP3

definition 정의 → **define** ~을 정의하다
def-uh-**nish**-uhn   dih-**fahyn**

↑

definite 명확한
def-uh-nit

↑

finite 제한된 → **infinity** 무한
fahy-nahyt   in-**fin**-i-tee

finance 재정   ↑
fi-**nans**

fine 좋은, 훌륭한 ← **finis** 끝, 죽음 → **finish** 끝; 끝내다
fahyn   **fin**-is   **fin**-ish

↓   **fineness** 훌륭함   **final** 결승전   **finisher** 완주자
finely 훌륭하게   **fahyn**-nis   **fahyn**-l   **fin**-ish-er
fahyn-lee

finale 피날레
fi-**nal**-ee

라틴어 finis는 '끝'을 의미하는데 현대영어로 들어오면서 영화나 책의 마지막인 끝이나 인생의 마지막인 죽음을 뜻해.

h를 붙인 finish는 명사로는 무언가를 끝내는 끝, 동사로는 작업등을 완료하는 끝내다를 의미해. er을 붙인 finisher는 마라톤이나 공연의 연주를 처음부터 끝까지 완주한 완주자를 말하지.

끝이 있다는 건 한계가 있어 더는 어떤 행동도 할 수 없다는 거야. finis에서 나온 finite는 이처럼 무언가를 할 수 없도록 막힌 상태인 제한된이고 앞에 de를 붙인 definite는 표현이나 행동에서 중구난방으로 빠지거나 한도에서 벗어나지 않도록 명백하고 정확하게 하는 명확한을 말해. 명사 definition은 어떠한 것을 표현할 때 명백히 밝혀 규정하는 정의와 화상의 선명도를 뜻해. 고화질을 뜻하는 HD는 high definition의 약자야. definition의 동사형은 define으로 ~을 정의하다라는 뜻이 있어. 자동차 상표로 유명한 infinity는 finite 앞에 '부정'을 나타내는 in을 붙인 단어로 끝이 있어 제한되는 것이 아니라 반대로 끝이나 한계가 없어서 아무에게도 구속받거나 제한받지 않는 무한을 뜻하는 단어야.

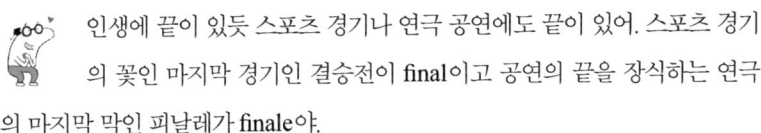 인생에 끝이 있듯 스포츠 경기나 연극 공연에도 끝이 있어. 스포츠 경기의 꽃인 마지막 경기인 결승전이 final이고 공연의 끝을 장식하는 연극의 마지막 막인 피날레가 finale야.

어떠한 작품이 완벽하고 확실하게 끝나면 좋은 작품이나 훌륭한 작품이라고 평가하는데 영단어 fine은 이렇게 완벽히 끝난 것을 표현할 때 쓰는 좋은, 훌륭한이야. 그래서 fine art는 그냥 예술 작품이 아니라 제대로 완성된 '아름다운 미술품'을 말하고 대화 속에 등장하는 'I am fine'도 자신의 삶이 대화를 하기 전까지 긍정적으로 끝낸 상태를 표현하는 '나는 좋다, 괜찮다'를 의미해. 부사형 finely는 훌륭하게, 추상명사 fineness는 훌륭함이지.

끝으로 finance는 어떠한 사업이나 일을 끝낸 후 얻게 된 자본 상태를 말하는 재정이라는 뜻이야.

 프랑스어 fide는 어떠한 사실이나 사건을 믿는 마음인 믿음이나 신뢰를 뜻하던 단어였어. fide가 영어로 오면서 철자가 바뀌면서 faith가 되었고 원어와 똑같이 '믿음'과 '신뢰'를 의미해. faith에서 나온 fiance는 믿음을 통해 얻게 되는 신뢰나 약속을 뜻했지만 지금은 자신이 사랑하는 사람을 믿고 신뢰하여 서로의 혼인을 약속하는 '약혼자'를 말해. faith와 동의어로 사용하는 trust는 '신뢰'를 의미하지. trust에서 파생된 betroth는 '약혼시키다'라는 뜻을 지니고 있어. betroth의 과거분사를 이용한 표현인 a betrothed person은 fiance와 마찬가지로 약혼한 사람인 '약혼자'를 의미해.

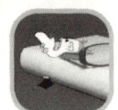

연습하기

빈칸에 적절한 뜻과 철자를 넣으세요.

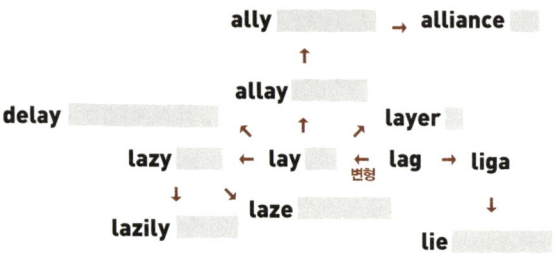

ally → alliance

↑

allay

delay layer

lazy ← lay →(변형) lag → liga

↓ laze

lazily lie

ally 동맹국, 협력자 → **all**□□□□□ 동맹

↑

□□**lay** 가라앉히다

□□**lay** 지연시키다; 지연 **lay**□□ 층

la□**y** 게으른 ← □□□ 놓다 ←(변형) **lag** → **liga**

↓ **laz**□ 게으름 피우다

laz□□**y** 게으르게 □□□ 눕다, 놓여 있다

definition   → define

↑

definite

↑

    finite   → infinity

finance   ↖   ↑

fine   ← finis   → finish

↓   ↘   fineness   ↘ final   ↘ finisher

finely   ↓

                                finale

---

definit□□□ 정의 → defin□ ~을 정의하다

↑

□□finite 명확한

↑

    fini□□ 제한된 → □□finity 무한

fin□□□□ 재정 ↖   ↑

fin□ 좋은, 훌륭한 ← fini□ 끝, 죽음 → finis□ 끝; 끝내다

↓ ↘ fine□□□□ 훌륭함 ↘ fin□□ 결승전 ↘ finish□□ 완주자

fine□□ 훌륭하게   ↓

                              final□ 피날레

천 리를 가는 여행도 첫 한 걸음으로 시작된다.
노자

A journey of a thousand miles must begin with a single step.
Lao Tzu